SPAN
613
COU

$31

SABIDURÍA CASERA

SABIDURÍA CASERA

Lou Couture | Leandro Taub

México D.F.•Barcelona•Bogotá•Buenos Aires•Caracas•Madrid•Montevideo•Quito•Santiago de Chile

Sabiduría casera. Un camino hacia la luz y la paz

Primera edición, enero de 2011

D.R. © 2011, Lou Couture y Leandro Taub
      Derechos gestionados a través de Zarana Agencia Literaria
      Ilustraciones cedidas por Matías Daviron a los autores
D.R. © 2011, Ediciones B México S.A. de C.V.
      Bradley 52, Col. Anzures, 11590, México, D.F.
      www.edicionesb.com.mx

ISBN 978-607-480-131-6

Todos los derechos reservados. Bajo las sanciones establecidas en las leyes, queda rigurosamente prohibida, sin autorización escrita de los titulares del *copyright,* la reproducción total o parcial de esta obra por cualquier medio o procedimiento, comprendidos la reprografía y el tratamiento informático, así como la distribución de ejemplares mediante alquiler o préstamo público.

PRÓLOGO

A comienzos del año 2008 me fui de Buenos Aires (Argentina) sin saber hacia dónde iba ni por qué. Necesitaba partir. Había llegado mi llamado de lanzarme hacia la improvisación en vida. Esta decisión devino de una necesidad urgente que tenía de superar mis límites. No tengo memoria de cuándo fue que construí estos límites, si fui yo solo quien los construyó, ni cuando comencé a desatarlos. Sin embargo ahí me encontraba, luchando una batalla conmigo mismo, viviendo en constante crisis. Consideré la posibilidad de que existan infinitos puntos de vista que puedo tener de mi mismo y que puedo recrear mi vida de acuerdo a cómo me vea y vea al mundo. Entonces probé abrirme a nuevas relaciones, a nuevas actividades, a experimentar cada día como si fuese el único. Probé cambiar hábitos, cambiar costumbres, cambiar maneras y formas. Probé experimentar en libertad y hacer todo lo que quería hacer, estar con quien quería estar. Probé ser el hacedor de mi vida, abandonar la culpa y melancolía. Gracias a esto fui redescubriéndome. Me encontré con que era feliz haciendo lo que quería hacer y dejando de hacer lo que no quería hacer, ¡y se podía! Me permití cambiar. Entonces, en medio de estas crisis y experiencias bien intensas, compre un pasaje a Madrid. Lo hice junto con un amigo, quien al poco tiempo se dio de baja del plan. Me dije "viajo igual, no sé lo que voy a hacer. Necesito buscar algo". Debía hacerlo sin ataduras materiales a Buenos Aires: devolví el departamento donde había vivido los últimos años y me fui. Así me fui de Buenos Aires. Pase un tiempo entre Madrid, Barcelona, Berlín y Londres, y un impulso me hizo volver a partir: me fui a India. No sabía mucho de este país en aquella época (y sigo sin saber demasiado), sin embargo allá fui, conducido por una intuición que cada día se hacía más responsable de mis acciones. Seguido por esta intuición al poco tiempo de haber llegado me instalé en un pueblo llamado Rishikesh, y seguido por las sinergias mágicas de esta vida, al poco tiempo de haber llegado me presentaron a quien iba a ser uno de mis maestros, que como buen maestro nunca se considero mi maestro: Lou Couture.

¿Quién era este hombre? Alguien que vivía en un pequeño hogar, meditaba diariamente, cocinaba su comida con paciencia y dedicación, caminaba por los pueblos y montañas en silencio, y estudiaba por horas cada día. Un ser que vivía como monje, con lo justo y necesario, dedicándose a ayudar al prójimo. En una pequeña charla que compartimos me ayudo a ver una herida que tenía, sobre las que yo ofrecía resistencia. Al reconocerla me dio las herramientas que existían en mi mismo para que la curara. Así de sencillo: en un diálogo de menos de 10 minutos logró cambiar mi vida y me ayudó a sanar. Sumergido en un río de lágrimas volví a mi hogar e hice lo que me había recomendado por los meses siguientes. Pasadas algunas semanas de aquel encuentro ya quería volver a verlo, sentía una inmensa curiosidad, quería conocer más a este hombre, quería aprender de él. Fui hacia su hogar y le propuse que escribiéramos un libro juntos, que el conocimiento acumulado que tenía podía hacer un gran bien. Luego de revisar qué era lo que me motivaba a realizar este acto, el aceptó. A partir de ese momento nos juntamos diariamente durante dos meses a merendar. Yo solo actué como el canal que le daría letras a sus palabras porque mágicamente él ya tenía todas las herramientas sintetizadas, esquematizadas y organizadas. Mi trabajo era sencillo: ir con un grabador, escucharlo durante horas todos los días, hacerle preguntas cuando me surgían inquietudes y tomar apuntes. Logre satisfacer mi curiosidad por conocerlo y aprender de el. Y como resultado surgió este libro, la síntesis de una gran obra de muchos años de estudios y enseñanzas.

Leandro Taub. Buenos Aires, Octubre 2010.

ÍNDICE

Dedicatoria y agradecimientos de Lou Couture | 11
Introducción | 13
Salud Natural Preventiva | 15

CAPÍTULO 1   Hábitos de la mañana | 27
2   Energía vital | 47
3   Energía negativa | 54
4   Hábitos de la noche | 77
5   El sueño | 95
6   La mente | 103
7   Las dudas | 127
8   El estrés y la depresión | 135
9   La alimentación | 147
10   Vegetarianismo | 161
11   Control de peso | 171
12   Salud cardiovascular | 179
13   Enfermedades | 185
14   Desintoxicación | 195
15   Enraizamiento | 207
16   Cómo nos relacionamos con los otros | 215
17   El nacimiento | 223
18   La educación | 229
19   La muerte | 241
20   Herramientas filosóficas | 247
21   El Alma, Dios y el Espíritu | 269

Conclusión | 275

DEDICATORIA Y AGRADECIMIENTOS

A Maxiel, Alma y a toda la gente que piensa que puede crecer.

Les agradezco a todas las personas que me enseñaron y a todos los que me permitieron aprender de alguna forma u otra.

Agradezco especialmente a Leandro Taub, quien tuvo la voluntad de ofrecer estas herramientas a un mayor público a través de este libro. Su dedicación, trabajo y perseverancia lograron concretizar este proyecto.

Lou Couture

INTRODUCCIÓN

Estás vivo.

Ahora, parece normal, evidente, nada especial. Sin embargo, la vida que sientes ahora adentro y afuera es el regalo más extraordinario y una suerte inigualable. Esta vida que tienes ahora te permite existir, funcionar, entender, aprender, hacer, disfrutar. Es sagrada y es lo más precioso que tienes, es lo más esencial y fundamental que posees. De no tenerla no tienes nada. Teniéndola tienes todas las posibilidades. Eres toda potencialidad. Cuando dejas la vida fluir en ti es armoniosa, esto se llama salud. Cuando eres consciente de la vida en ti, la cuidas, es nuestra oportunidad como nuestra responsabilidad, y así construyes la salud.

La salud es natural, normal, legítima. Aunque en algunos casos la enfermedad es inevitable, venimos completamente equipados para enfrentar la vida física, mental y filosóficamente. De la misma manera que una semilla viene con el programa, la inteligencia y el poder para salir al aire y convertirse en una flor resplandeciente. Solamente hay que cuidarla, darle luz, aire, agua y buena tierra. Crecerá sola y saludable.

También nosotros necesitamos poner un poco de cuidado y consciencia en proveernos de buena respiración, alimentación, movimientos, reposo y pensamientos positivos para que florezcamos de forma sana, equilibrada y capaz de evolucionar. El estrés, la confusión, la enfermedad, el malestar, ser esclavo de los pensamientos, las emociones, de los otros, del dinero, del sexo, de la comida, de la sociedad, es tan solo una opción, una posibilidad, la que corresponde al ser inconsciente y desconectado de sus propias necesidades. Esto no es una "fatalidad" obligatoria.

Tal como elegimos hacer el buen mantenimiento de nuestro auto en forma regular, para no tener una sorpresa desagradable al conducir y disfrutar del viaje, podemos elegir el bienestar y hacer el mantenimiento de nuestro cuerpo y de nuestra cabeza. Es una actitud, una consciencia, una responsabilidad, un punto de vista, una dirección, una práctica.

Y es posible.

SALUD NATURAL PREVENTIVA

La salud natural preventiva es vivir conscientemente, para construir y mantener nuestra salud de forma natural a nivel físico, psicológico y filosófico.

En la actualidad vivimos inmersos en un mundo donde gran parte de las personas no construyen su salud. Se consideran víctimas de un mandato de azar divino, muchas veces con la creencia que todo lo que nos sucede es inevitable, nos toca, o si nos duele algo es porque el cielo lo quiso de esa manera. Esto no es tan simple. La salud no es casualidad. La salud es natural, y estamos hechos para ser saludables. La salud es un derecho que tenemos. Si queremos tener una vida saludable será necesario responsabilizarnos, entender que la salud se construye y que todo es consecuencia de algo. No existe un Dios que elige castigar a unos y a otros no, no hay un azar divino que elige quienes tendrán una vida saludable y quiénes no. Nuestra salud y nuestras enfermedades son consecuencia del estilo de vida que llevamos.

Nacimos para ser saludables, para vivir una vida de crecimiento. Nuestro cuerpo y nuestra mente son herramientas con las que contamos en nuestra existencia para evolucionar, no están hechas para ser cargas que nos obstaculicen.

La salud de hoy es la consecuencia de lo que hemos vivido anteriormente. Como vamos a estar en unos años será el resultado de cómo vivimos hoy. Tomar consciencia sobre esto es el primer paso para construir y mantener nuestra salud. Existen predisposiciones genéticas, pero no son la causa de nuestro estado de salud. Son tan solo tendencias.

La salud es natural, es posible, podemos construirla, podemos ayudarnos a tener bienestar, armonía y paz. La clave para esto es responsabilizarnos. Podemos cuidarnos o no, es nuestra elección.

No podemos depender del médico para tener salud física, porque el médico no se ocupa de la salud, se ocupa de la enfermedad; la medicina es una ciencia de la enfermedad (la industria farmacéutica, los laboratorios, los médicos, los hospitales se concentran en la enfermedad y pocas veces nos dicen qué hacer por nuestra salud). Cada uno de nosotros puede hacer lo necesario para construir su propia salud, elegir y responsabilizarse para estar bien, con todas las imperfecciones que tiene la vida.

Por ejemplo, los hombres están acostumbrados a cuidar sus autos, revisar el agua, el aire, el aceite, mantener su vehículo siempre con nafta. Pero ¿qué hacemos por nosotros? ¿qué hacemos por nuestros pulmones, nuestro sistema nervioso, nuestro corazón, nuestras piernas, nuestras células, nuestra felicidad? El cuerpo humano es el aparato más complejo de la creación. Es el final de la evolución a nivel de la manifestación física. Mucho más complicado y complejo que cualquier computadora o aparato que hayamos creado. Cuando compramos un aparato electrónico viene con manual de uso, nosotros no, pero eso no quiere decir que no tenemos que hacernos un mantenimiento. ¿Si nos preocupamos tanto por cuidar objetos materiales, no lo podemos hacer por nuestra salud?

La salud es un equilibrio de diferentes funciones, a nivel físico se llama homeóstasis. Este equilibrio viene cuando uno pone los ingredientes adecuados. Es como una planta; para que una planta crezca sana necesitamos ponerla en el aire, al sol, con abono, tierra, en un lugar no demasiado cerrado. Son varias condiciones externas para que la planta crezca sanamente, es un conjunto de factores, todos necesarios; el sol sin el aire no lo va a hacer, el aire sin la tierra no lo va a hacer, y así en adelante. La semilla se transforma por un principio que tiene adentro: tiene una programación natural interna que le permite nacer, crecer y volverse planta. Esta programación natural la tenemos todos. Nosotros tenemos adentro toda la sabiduría en los genes, en los tejidos, en las células, de cómo mantener la salud, y cómo crecer, de cómo defendernos de las entidades patológicas. Lo que nos sucede es que no solemos darnos buenas herramientas, no nos damos suficiente aire, suficiente sol, ni siquiera una buena alimentación.

Por ejemplo, el aparato digestivo toma mucha energía. Hay quienes se alimentan tan mal, con cosas tan poco naturales, mezcladas y químicas, que su aparato tiene que trabajar mucho más que lo normal, en vez de 4 a 6 horas algunos aparatos digestivos trabajan hasta 20 horas diarias. Entonces nuestra inteligencia interna, el laboratorio que tenemos, no puede hacer su trabajo normalmente. La gente enferma es gente intoxicada. Si una niña le pide a su madre una y otra vez agua y su madre le da una gaseosa en vez de agua entonces llegara un día en que la inteligencia del cuerpo de la niña que pedía agua para eliminar algo, asimilar algo, purificar, o desintoxicar, no lo volverá a hacer.

Solemos estar desconectados, estamos en la cabeza, en la mente, en el "quiero", "no quiero", "me gusta", "no me gusta", y no prestamos atención a nuestro cuerpo. Otro ejemplo: algunas personas van a festejos y comen durante horas kilos de comidas antinaturales mezclándolas, y de consistencia muy pesada. El aparato digestivo está en alarma total, en rojo. Además, le agregan vino y tabaco por ejemplo. El riñón, la vejiga, el hígado están en rojo total, los pulmones ya no pueden respirar, y la cabeza dice "¡qué buen día!". La idea es reconectarse y darle lo necesario al cuerpo, darle tiempo, darle reposo, darle los ingredientes que necesita.

En el presente libro se brinda la información y las herramientas para que cada uno pueda tomar un poco más de consciencia sobre cómo construir y mantener su propia salud. Luego depende de cada uno, de las elecciones que tomemos de aquí en adelante.

El primer paso ya está dado; si estás leyendo estas líneas es porque una parte de ti está interesado en informarse.

Este libro funciona como un manual de herramientas simples, fáciles, prácticas, de poco tiempo y baratas. Un manual ajustado para que todo sea fácil de realizar, posible. La idea es incorporar estas pequeñas herramientas como hábitos, de a poco, paso por paso, de la forma que le conviene a cada uno. Si uno quiere cambiar demasiado rápido, incorporando muchas herramientas a la vez, existe el riesgo de que no se mantenga en el tiempo, por eso se recomienda ir incorporando estos hábitos lentamente, de a poco, según las necesidades de cada uno, esa es la forma de sostener un cambio, si así lo deseamos.

Todas las herramientas prácticas que se enumerarán aquí nacen a partir de 5 herramientas principales que hacemos todos los días. Realizando estas 5 herramientas de forma consciente, mejorándolas poco a poco, podremos construir nuestro bienestar.

El aire

El aire es la primera herramienta. Cuando nacemos tomamos una gran aspiración, luego expiramos llorando. Cuando morimos: una leve y última expiración, luego todo termina. La vida es una secuencia de respiraciones. Podemos parar de comer o de tomar varios días y sobrevivir, pero ¿cuánto tiempo podemos parar de respirar? La respiración es mucho más importante que cualquier otra función para mantener la vida, es el primer sinónimo de vivir. Entonces el primer punto para vivir mejor es respirar mejor. Es posible hacerlo ya que estamos utilizando muy poco de toda la capacidad pulmonar que tenemos.

Con nuestros pulmones tomamos vida. La gente que utiliza conscientemente la respiración, los deportistas por ejemplo, tienden a tener una vida mucho más equilibrada, una vida más sana, y una de las principales causas de esto es porque trabajan con la respiración. La respiración es el obrero que construye nuestra regeneración celular: lo que comemos es la materia prima y los obreros son la respiración. Solo con respirar profundamente se pueden eliminar enfermedades mortales (algunas enfermedades vienen por gérmenes que están dentro del aire viciado y estancado del pulmón).

La respiración está ligada completamente con la energía, el *prana*[1]. En la práctica del yoga existe el *pranayama*, que es el control de la respiración; nos muestra que es infinito lo que se puede lograr con la respiración. Se pueden lograr cosas que ni la mente puede entender. No es el objetivo de este libro profundizar tanto en esta disciplina, pero sí utilizarla para ayudarnos. Podemos mejorar la respiración. Podemos serenarnos con la respiración

---

[1] *Prana* es una palabra en sánscrito que hace referencia a "lo vital". La fuerza de las cosas vivas y la energía vital en el proceso natural del universo.

(una persona nerviosa, emocionalmente inestable, se puede serenar solamente a través de una buena respiración).

La respiración está entre el cuerpo físico y el mental, va a actuar sobre ambos. Está completamente relacionada con las emociones y con los pensamientos, por lo tanto conocerla y saber utilizarla voluntariamente (es la única función del cuerpo que es a la vez voluntaria e involuntaria) puede ayudarnos a controlar las emociones y los pensamientos. Junto con un buen sueño, el aire es la herramienta más barata y eficiente para construir nuestra salud.

La comida

La segunda herramienta es la comida. La comida es el alimento de la vida. Cómo comer, qué comer, qué actitud tomar al comer, el procedimiento con el cual comer, es fundamental para construir una vida sana.

La comida nos afecta muchísimo: su parte física nutre al cuerpo, su parte energética nutre a la mente. Entonces, el cuerpo y la mente de cada uno de nosotros se transforma de acuerdo al tipo de alimentación que tenemos.

Hoy en día la mayor parte de las personas comen sin mayor consciencia que para percibir el placer y el gusto, sin darse cuenta que la comida nos afecta, y mucho. Entender esto es fundamental. No se trata solo de meter dentro de nuestro cuerpo algo porque tenemos hambre, podemos elegir cómo comemos, qué comemos y en qué pensamos cuando comemos. Podemos, y deberíamos, utilizar la comida para estar mejor (es su razón de ser). La clave es tomar consciencia que lo que comemos pasa a formar parte de nuestro cuerpo; va a construir una nueva mano, una nueva nariz, una nueva rodilla. ¿Si sabes todo esto, aún quieres meter en tu cuerpo sustancias químicas, sin *prana*, que no son utilizadas por el cuerpo (y lo único que tendrá que hacer nuestro organismo es eliminarlas)?

Porque comer y digerir es una parte muy importante de nuestra vida, mínimo 3 comidas diarias, podemos purificarnos, regenerarnos, recibir energía, y desintoxicarnos a través de los alimentos sanos.

A una planta le damos un buen abono, no productos químicos nocivos, pero a nosotros sí. Ponemos muchas sustancias en nuestros alimentos que no sirven para la salud, que están ahí por cuestiones estéticas. Todo lo que consumimos realmente es energía solar, pero no somos capaces de metabolizarla, solo las plantas lo hacen a través del proceso de la fotosíntesis. Entonces nosotros comemos plantas. Y para tener más alimento disponible comemos animales que comen plantas. Pero lo que realmente necesitamos es sol.

La comida industrializada no está hecha con un estándar de salud, está hecha por estándares de venta. La comida está ligada directamente con la mayor parte de las enfermedades por las que mueren los hombres en nuestro tiempo. No es obligatorio morir enfermos. Uno puede tener enfermedades dentro de la normalidad, pero ¿cuántos mueren hoy por su propia vejez? Hoy nacemos como enfermos (la madre anestesiada, acostada en una camilla como si estuviese enferma) y morimos como enfermos. ¡Cuando el nacimiento realmente es un festejo natural!, y la muerte natural por vejez es normal. Es posible morir sanos.

La comida es de gran importancia. Principalmente porque lo hacemos diariamente, todos los días comemos. Y mejorarla es fácil. Si tomamos consciencia y empezamos a poner un poco de cuidado, ese cuidado se transformará en bienestar. Respirar conscientemente. Alimentarse conscientemente. Podemos tener una alimentación placentera y sana a la vez.[2]

El ejercicio, los movimientos

La tercera herramienta es el tipo de movimientos que le damos a nuestro cuerpo. Va a influir en el estado de nuestro cuerpo y en el estado de nuestra mente. Nuestro vehículo en este mundo es un cuerpo dirigido por una mente, ambos necesitan estar en buenas condiciones para funcionar bien, y el movimiento que le damos es una herramienta que influye en el estado de nuestro vehículo. Al igual que la respiración y la comida, es algo que hacemos todos

---

[2] Profundizado en el capítulo 9: La alimentación y en el capítulo 10: Vegetarianismo.

los días. Cuánto lo hagamos y de qué forma lo hagamos cambiará nuestra salud física y mental.

Hay gente a los 70 años que están todos doblados, no pueden moverse, poseen un cuerpo que es un peso que arrastran y los limita. Pero también hay gente a los 70 que hacen bicicleta, corren, tienen el cuerpo sano y ágil. Esta diferencia no se debe solamente a los genes o al azar divino, la agilidad de un cuerpo viene a partir de un mantenimiento regular del movimiento, y la no agilidad de un cuerpo viene a partir de la inutilización de los músculos, por el sedentarismo todas las articulaciones se van oxidando. Una persona que hizo el mantenimiento de sus articulaciones, músculos y su flexibilidad (amplitud de movimientos), si se cae de repente tiene la agilidad suficiente para reaccionar, poner la mano y evitar el golpe con la cara. ¿Y si no hacemos este mantenimiento? La respuesta la sabemos, y el golpe va a ser más duro.

El cuerpo es una herramienta con la que contamos en esta vida, no tiene porque limitarnos. El cuerpo no está acá para darnos obstáculos, esta para darnos libertad. Por esto mismo el movimiento es tan importante. También la sensación de juventud está ligada a la agilidad del cuerpo.

Hay funciones del cuerpo y de la salud física que son activadas solo con movimiento. Por ejemplo el retorno de la sangre venosa, las arterias, llevan la sangre del corazón hacia las células del cuerpo gracias al bombeo del corazón y el movimiento peristáltico, pero el retorno de la sangre después de pasar por los capilares, dejar el oxígeno y recuperar el dióxido de carbono y todas las toxinas se hace gracias al movimiento. Esta sangre no tiene bombeo natural para regresar al corazón. ¿Quién genera el bombeo? El movimiento, los músculos. Alguien que no se mueve generalmente es una persona intoxicada, o tiene tendencias a serlo. ¿Cuánta gente no se mueve más? Del auto al ascensor, a la oficina, al sillón de la casa, a la cama. Todas las enfermedades crónicas requieren este terreno para surgir. La personalidad misma está afectada por la reducción de movilidad. Pero se puede prevenir. El primer paso es tomar conciencia de esto y emprender una práctica regular (puede ser corta) según sus posibilidades.

El descanso

La cuarta herramienta es el descanso. Por lo menos un tercio de nuestra vida la pasamos descansando, durmiendo. Y no dormimos solo por placer de dormir, dormimos porque es un requerimiento de nuestro ser; nuestro cuerpo y nuestra mente necesitan descansar diariamente para recuperar energía y volver a estar preparados para el día siguiente.

Cómo dormimos, física y mentalmente, va a ser determinante para la manera misma de vivir el día. Cómo nos preparamos antes de dormir, cómo estamos mentalmente antes de dormir, cómo nos enfrentamos y nos sumergimos en el sueño, son factores de importancia, determinan como será nuestro descanso, y nuestro descanso influye en el estado de nuestro cuerpo y de nuestra mente, influye en la energía que tenemos, influye en la vida que vivimos.

Si antes de dormir llevamos todas nuestras preocupaciones a la cama, el sueño no va a ser reparador, va a ser somatizador. Si antes de dormir estuvimos gritando o enojados, no vamos a tener un sueño recuperador, vamos a tener un sueño somatizador. Si pasamos el sueño digiriendo la comida porque cenamos mucho y no le dimos tiempo al estomago para digerir, el cuerpo no puede descansar completamente, nuestra "fabrica" estará trabajando toda la noche.

El descanso es muy importante. Somos maquinas tan complejas que no podemos vivir y tener este nivel de conciencia, de discriminación, de energía y de trabajo intelectual sin descansar, sin dedicar un buen tiempo a recuperarse. El cuerpo no puede andar tanto tiempo sin descansar. Sea con un buen sueño o con relajación durante el día.[3]

Pensamientos positivos

La quinta herramienta son los pensamientos. Los pensamientos afectan a la energía y al cuerpo, y el cuerpo afecta los pensamientos, pero los pensamientos tienen autoridad sobre el cuerpo: el

---

[3] Profundizado en el capítulo 4: Los hábitos de la noche, y capítulo 5: El sueño.

pensamiento es capaz de ignorar completamente el estado del cuerpo, y el cuerpo va a seguir la línea dada por la política de su patrón, la mente.

Si la mente piensa de tal manera el cuerpo la seguirá en esa línea. Una persona optimista se curará mucho más rápido que una persona pesimista. Podemos poner nuestra atención en lo que queremos, entonces podemos utilizar los pensamientos a favor de nuestra salud. Una persona con fe y optimista es más inmune. La mente hace mucha diferencia. Las defensas naturales pueden ser afectadas por una mente débil. Por lo tanto el pensamiento positivo es muy importante, cómo se encuentre nuestro estado mental, va a definir la tendencia hacia la cual las funciones y los órganos del cuerpo van a ir, sea en pro o en contra del equilibrio y la salud. Y tenemos la capacidad de elegir.[4]

ꙮ

Estas cinco herramientas las utilizamos todos los días, solo con hacerlas un poco mejor (o mucho mejor), con conciencia, se puede mejorar nuestra vida. Y no tendremos la necesidad de culpar a la casualidad, a Dios, o al doctor. No es su trabajo cuidarnos, es nuestro deber. Podemos elegir estar bien. La vida que vamos a tener depende de cómo estemos, de cómo nos tratemos a nosotros mismos. Tenemos la vida que corresponde a nuestro ángulo de visión; entonces tengamos el ángulo de visión de una persona consciente. Si lo hacemos vamos a tener una vida más sana, más equilibrada y serena.

Podemos responsabilizarnos y hacer lo necesario para tender a mejorar nuestra salud. No tenemos que esperar de afuera toda la ayuda; aunque la ayuda es legítima en nuestra vida tenemos lo suficiente para construir y mantener nuestra propia salud. ¿Cuántas horas tomamos para hacer castillos en el aire? ¿Cuántas horas dedicamos en nuestros objetivos de poder, fama, etc? Tomando un poquito de toda esta energía, de estas acciones hacia nosotros, podemos beneficiarnos. La salud no está separada de la evolución de uno mismo.

---

[4] Profundizado en el capítulo 6: La mente.

Vivimos en sociedades donde las personas están desconectadas de su cuerpo, de sus energías. Vamos guiados por la cabeza, por la mente, por lo que queremos y lo que no queremos, por lo que creamos y lo que no creamos, por lo que nos gusta y no nos gusta, sin prestar atención al cuerpo, al estado de energía y ánimo. Y así un día aparece un dolor en el cuerpo: cuando sucede esto todo por lo que vivimos acaba, todo vuelve al presente porque el dolor abarca todo el presente. Entonces vamos al médico, nos da una pastilla y creemos que esto es todo y seguimos como si no hubiera pasado nada.

La salud es natural, es algo legítimo. No es anormal ser saludable, no es una excepción. La salud no es solamente no tener enfermedades, la salud quiere decir estar bien en el cuerpo, en la cabeza, y en nuestro mundo; estar en equilibrio.

◎◎

Este libro no pretende ser un tratado exhaustivo sobre terapias, medicinas, psicologías, y filosofías. No pretende ser un conocimiento absoluto sobre la salud natural preventiva. Tampoco pretende reemplazar las diferentes ciencias y artes de vida, ni las diferentes religiones o culturas que enseñan sobre el buen vivir, cada uno según su tradición.

Estas herramientas son el resultado de 30 años de búsqueda, estudios, experiencias, síntesis y enseñanzas, con el propósito de eliminar los sufrimientos y malestares humanos inútiles. No pretenden ser las únicas herramientas, como tampoco pretenden ser 100% eficientes y adecuadas a cada persona, somos todos diferentes, cada persona es única y digna de estar bien en su cuerpo, cabeza y vida. Por esto es recomendable buscar el consejo de los profesionales en los distintos aspectos de su situación, también tomar en cuenta las características de su cultura y región geográfica que este libro no incluye.

Estas herramientas no pretenden ser herramientas mágicas en el sentido de dar resultados inmediatos. Están hechas tomando en cuenta las limitaciones generalmente reivindicadas: no tengo tiempo, no tengo dinero, no tengo voluntad. Por esta razón producen el efecto deseado casi solamente a medio y largo plazo. Es entonces en forma de hábitos regulares que se tienen que incorporar estas herramientas para permitirles sanar nuestra vida.

Por último, se recomienda incorporar solamente las herramientas que uno más necesite, no tratar de incorporar todas a la vez porque de esa forma el cambio no podría ser sostenido.

Capítulo 1
HÁBITOS DE LA MAÑANA

1.1   Agradecer por este día
1.2   Respirar
1.3   Estirar
1.4   Autosugestión positiva
1.5   Tomar una resolución
1.6   Cepillado de lengua
1.7   Baño frío
1.8   Activación energética
1.9   Masaje abdominal
1.10 Desayuno
1.11 Salida al aire libre
1.12 La madrugada: tiempo de reflexión
1.13 Saludar a la madre naturaleza

⊚⊚

El inicio de nuestro día, la forma en que lo empezamos, tiene influencia sobre el resto del día. De la manera en que sea nuestro inicio del día va a definir parte de cómo será el día que tengamos.

Antes de emprender cualquier cosa, como un viaje, nos preparamos verificando el buen funcionamiento del auto, los papeles y el equipaje necesario. De la misma forma es importante asegurarse estar en las mejores condiciones y predisposiciones antes de emprender nuestro día. Podemos prepararnos.

Lo importante con estas herramientas es lograr que se vuelvan hábitos. Cada uno las ordenará y manejará a su conveniencia, buscando así la forma más cómoda.

⊚⊚

1.1 Agradecer por este día

Estamos vivos. No es obvio tener un día más de vida. Esta fuera de nuestro control cuanto tiempo vamos a vivir: no lo sabemos. Tener un día de vida representa tener mucha suerte. La vida humana es muy preciosa. Existen seres desencarnados que están haciendo cola para poder obtener un cuerpo humano. Tener una vida humana es un regalo extraordinario. Estar vivos; poder pensar, poder sentir la vida, estar ahora aquí, es algo para aprovechar. De una forma más pragmática, más humana, tenemos un día más para hacer. ¡Gracias por eso!

El principio que nos dio la vida nos la puede quitar en cualquier momento, estamos sujetos a eso. No tenemos control sobre el latido de nuestro corazón, sobre nuestro tiempo de vida, somos dependientes de la vida, y hoy tenemos esta vida; somos muy afortunados. Tener un día más de vida es un regalo divino. Agradezcamos por eso, poco importa a quién, solo debemos tener conciencia de esto. No demora mucho tiempo, no requiere mucha voluntad, ni dinero, es muy simple; pero seguramente nos cambiará el día.

AGRADECER POR ESTE DÍA Y CONECTARSE CON LA DIGNIDAD, SI NOS DIERON ESTE DÍA ES PORQUE SOMOS DIGNOS, CAPACES Y MERECEMOS ESTAR AQUÍ HOY

Si hoy tenemos vida es porque somos capaces de cambiar, de evolucionar, de avanzar. No tendríamos vida si no fuera así. La madre naturaleza nos dio el cuerpo y nos dio este día porque somos dignos de vivirlo, lo merecemos y podemos llevarlo adelante.

1.2 Respirar

Lo primero que hacemos a la mañana es respirar y estirarnos. Como cuando miramos a un gato o a un perro al despertar, vemos que se van a estirar completamente y respiran; o los animales salvajes, que para poder comer y no ser comidos necesitan estar listos y preparados. Nosotros salimos de esta misma lógica. Pero si lo practicamos nuestra vida será más suelta.

- ❂ **Respiraciones profundas.** Primero, salir afuera si se puede. Realizar respiraciones profundas, largas y lentas, con mucho aire. La aspiración y la retención dan energía; inspiramos profundamente, como un globo que vamos inflando muy despacio. Probemos hasta donde podemos aspirar, ¿qué tanta vida podremos tomar? Realizar por lo menos un segundo de retención y luego exhalar. Nunca forzar. El mecanismo es empezar por llenar el abdomen y luego el pecho. Opcionalmente se puede poner sonido en la garganta (lo que nos permite controlar mejor el flujo de la respiración). También se puede añadir la visualización: sentir que el aire que inhalamos es más fresco (fresco quiere decir más vida). Y cuando exhalamos nos ayuda a relajar. Se recomienda hacer esta práctica entre 2 y 5 minutos por día.

- ❂ Si la persona hace yoga puede hacer *Kapalabhati* o *Bhastrika* (respiraciones más energéticas).

Kapabhalati: respiración donde se exhala con una contracción rápida del abdomen hacia adentro. No se hace inspiración, se deja que el abdomen se relaje y la aspiración se hace sola. Se espera que el abdomen este completamente fuera para empezar de nuevo, para no bloquearlo. No hacer esfuerzo. Se recomienda hacer 3 ciclos de 10 a 15 bombeos con 2 o 3 respiraciones profundas entre cada ciclo.

Bhastrika: como *kapalabhati*, pero la inspiración es forzada también. Inhalación y exhalación equivalentes en tiempo y fuerza, con presión en el abdomen para ambas direcciones. Se recomienda hacer 3 ciclos de 10 a 15 bombeos con 3 respiraciones profundas para descansar entre cada ciclo. Se recomienda aprender estas técnicas con un profesional. Si lo practican solos, recuerda nunca forzar y quedarse lo más relajado posible. Si uno se siente mareado debe parar enseguida (puede suceder que personas que no están acostumbradas a utilizar todos sus pulmones abran algunos alvéolos que no se estaban utilizando, entonces se sentirán mareados). Antes de estas dos técnicas hacer la primera respiración.

❋ Otra opción: **Respiración gestual** (viene muy bien hacerlo al aire libre, ideal si se hace descalzo sobre la tierra). Es una respiración que nos reconecta con el *prana* de la tierra y del cielo.

Primero aspiro levantando los brazos horizontalmente frente al cuerpo, exhalo enfrentando las dos palmas y abriendo los brazos, aspiro y llevo las palmas y brazos para arriba, juntando las palmas arriba, lo que establece el contacto con la energía que sube de la tierra al cielo. Exhalo, abro los brazos y los bajo horizontalmente, palmas para arriba. Inspiro, giro las manos y los brazos de palma arriba a palma abajo. Exhalo, llevo los brazos hacia abajo, palmas juntas adelante, brazos estirados, se acaba de establecer la corriente descendiente del cielo a la tierra. Aspiro y hago pasar la corriente de la tierra adentro de mí, llevando las manos juntas de abajo para arriba, acompañando la subida de energía de la tierra al cielo. Finalmente abro las manos y me dejo cubrir por esta energía que baja, hasta llegar a la posición inicial. El *prana* de la tierra sube, es la energía psicológica de liberación. El *prana* del cielo baja, es la manifestación. Se recomienda hacer esto de 8 o 10 veces. Es una respiración que nos hace sentir el *prana*. Nos reconecta a la tierra y al cielo, al entorno natural. Estamos en una pileta de energía, no hay espacio vacío, esta todo interconectado, y esta respiración nos reconecta enseguida.

☙

PRECAUCIONES PARA RESPIRAR. La respiración natural se hace por la nariz porque tiene un filtro que purifica el aire, lo humidifica y lo calienta, por eso tratar de recordar siempre respirar por la nariz y no por la boca. Estar relajado y concentrado antes de empezar. Mientras se hace cualquier pranayama* estar lo más relajado posible. Luego tratar de respirar completamente en silencio, sin ruido. Esperar, vaciar el cuerpo y la mente. Y nunca forzar. Se recomienda no más de 3 ciclos de Kapabhalati y Bhastrika. Y nunca más de 10 minutos de Anuloma-Viloma.[1]

---

[1] Este tipo de *pranayama* se explica en el capítulo 2.4.
* Nota. *Pranayama*: designa los ejercicios respiratorios del yoga.

1.3 Estirar

✿ **Estiramiento de columna.** Esta secuencia tiene grandes beneficios si la hacemos todos los días. La columna es el eje de nuestro cuerpo, todos los órganos están conectados a ella. Al trabajar la columna estamos trabajando todo nuestro ser físico. Lo que hacemos es: estirarla, flexionarla hacia delante, flexionarla hacia atrás y girar. Nos ayuda a abrirnos.

Estamos parados, aspirar, levantar los brazos y quedarse 2 o 3 respiraciones arriba, tratando de agrandarse, sin levantase en las puntas de los pies, tratando de estirarnos y crecer. Luego con una expiración bajar desde las caderas, manteniendo las rodillas estiradas, sin hacer esfuerzo, hasta donde se pare el cuerpo solo, brazos y cabeza relajados, me quedo ahí, realizando entre 3 y 10 respiraciones. Respiración, relajación y gravedad son la clave. Todo nuestro cuerpo se irá estirando. Luego doblo las rodillas para subir, inspirando. Con las manos sobre los riñones empujo la cadera hacia adelante, llevo la cabeza hacia atrás, con los ojos abiertos. Solamente una expiración. Aspiro y regreso. Con los pies juntos, (las rodillas no se mueven), girar con cada expiración tratando de ir a ver el talón opuesto desde arriba del hombro. Aspiro, regreso, expiro y giro para el otro lado. Lo puedo hacer 7 veces. (Importante: todos los movimientos siguen a la respiración, lentamente). Todo este encadenamiento toma entre 1 y 3 minutos: 2-3 respiraciones arriba, 5-10 respiraciones abajo, 1 respiración atrás, 3-7 respiraciones para cada lado. Este estiramiento prepara nuestro cuerpo para enfrentar el día y mantiene una buena agilidad y flexibilidad en nuestra vida.

Si le gira un poco la cabeza después de la flexión adelante o atrás, esperar 2 o 3 respiraciones profundas antes de seguir. Como opción, se puede realizar una simple flexión lateral después de levantar los brazos en el primer movimiento, simplemente llevar las caderas suavemente hacia un lado el tiempo de una expiración, mientras tanto se siguen estirando las manos hacia arriba.

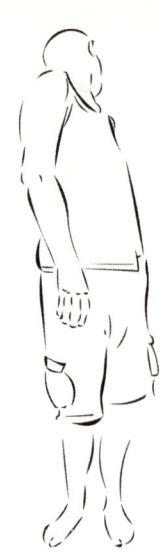

❂ Otra herramienta es hacer el *Saludo al sol*, un encadenamiento de 12 posturas de yoga que tienen como objetivo activar las funciones fisiológicas, estirar la columna y los músculos, y calentar todo el cuerpo, dándole vigor, flexibilidad y mantenimiento general. Un ciclo son dos saludos al sol, uno para cada pierna. Los *yoguis* recomiendan hacer 12 ciclos en la mañana, pero 3 ciclos todos los días es un excelente mantenimiento.

1.4 Autosugestión positiva

En un momento de la mañana vamos al baño y nos vemos la cara en el espejo. Es un momento perfecto para trabajar psicológicamente la autosugestión positiva. La autosugestión positiva es un estímulo positivo, puede ser algo tan simple como hacerse una sonrisa en el espejo. Nos pone en una frecuencia positiva. Mirando al espejo debemos escoger en la lista de los asuntos a realizar en el día lo que nos parece más positivo y nos concentramos en ello. Es escoger voluntariamente lo que más nos gusta para mantener un incentivo positivo.

1.5 Tomar una resolución

Tomar una resolución es la elección de una virtud positiva a trabajar. Un compromiso de trabajar una virtud que sabemos que necesitamos desarrollar. Comprometernos a hacerlo solamente por hoy. Por ejemplo ser más paciente hoy, escuchar antes de hablar, tener más humildad u otras resoluciones como éstas.

1.6 Raspado de lengua

Raspar la lengua. Se verá que hay mucha materia depositada sobre la lengua a la mañana. Son toxinas que subieron luego del trabajo de nuestro sistema digestivo. Rasparse con un raspalengua o una cuchara, pero no cepillarse la lengua (si se cepilla estamos desparramándolo alrededor de la lengua y no quitándolo).

1.7 Baño frío

Tomar un baño frío es ideal, es lo que más nos despierta. Si no es frío por lo menos que no sea muy caliente. Si no podemos bañarnos, que sea un baño de asiento.[2] Si esto no se puede tampoco, por lo menos debemos lavarnos bien la cara y las manos.

---

[2] Descrito en detalle en el capítulo 2.11.

1.8 Activación energética

En forma de analogía con un automóvil, la activación energética sería limpiar los bornes de la batería para asegurarse que va a haber energía en el auto. Son nuestras conexiones energéticas. Las estimulamos.

- ✿ 1er ejercicio: Ponemos la mano derecha sobre el ombligo y frotamos verticalmente con el dedo pulgar e índice de la mano izquierda sobre el *timus*. El *timus* está debajo de los huesos claviculares, entre el cuello y el corazón. Frotar durante 30 segundos.

❀ 2ᵈᵒ ejercicio: seguimos con la mano derecha sobre el ombligo, frotamos horizontalmente con el dedo índice y el mayor de la mano izquierda arriba del labio superior y debajo del labio inferior. Activar esos dos puntos frotando (son el final de dos meridianos del cuerpo).

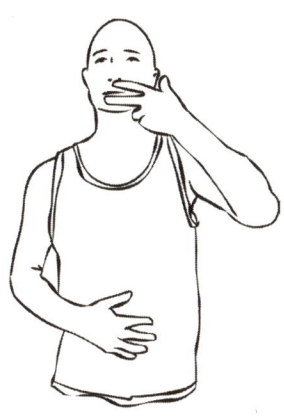

❀ 3ᵉʳ ejercicio: la mano derecha sigue igual, frotamos con la mano izquierda arriba del sacro, debajo de la zona lumbar, con la parte superior de la mano.

1.9 Masaje abdominal

La mañana, normalmente, es tiempo de eliminación para nuestro sistema digestivo. Ayudamos a este principio tomando un vaso de agua y haciendo un masaje de todo el abdomen alrededor del ombligo. Si la zona es tensa solamente empujar con los dedos planos, dibujando alrededor del estomago un circulo en el sentido de las agujas del reloj. Si no hay dolor se puede hacer el masaje poniendo los puños. Este ejercicio ayuda a hacer el mantenimiento de los órganos abdominales, nuestro laboratorio interno.

Recomendaciones: si se puede se aconseja tomar agua caliente, levemente salada. Si quiere puede poner una pequeña cucharada de arcilla de tomar. Ayuda a la limpieza del estómago. No hacer este masaje si se cenó mucho o si se cenó muy tarde.

1.10 Desayuno

Para los que pueden se recomienda comer frutas. Las frutas son rápidamente asimiladas, contienen agua. Este tipo de desayuno ayuda a la eliminación y por el tiempo corto de digestión nos da mucha energía.

Té de hierbas, de romero o tomillo son buenos para despertar y poner en marcha. También té con limón, jengibre y miel son muy buenos en la mañana.[3]

A lo largo de toda la mañana se recomienda tomar por lo menos un litro de agua. Sin embargo, no es bueno beber durante las comidas; se recomienda tomar el agua antes de comer el almuerzo. El agua permite pensar mejor. El agua nos ayuda a pasar de la idea a la palabra.[4]

---

[3] Los ejemplos que se dan aquí no son exhaustivos. Esto no es un tratado de fitoterapia o naturoterapia o yoga. Las herramientas provienen de distintas escuelas, corrientes y tradiciones (entre las cuales se encuentra el yoga, ayurveda, terapias energéticas, naturoterapia, fitoterapia, medicina china, por ejemplo). En ningún caso reemplaza a alguna de estas ciencias, toma herramientas de ellas. Cada uno puede ir a ver a profesionales para profundizar, reemplazar y/o adecuar estas propuestas a cada uno, de acuerdo a sus condiciones.

[4] Se recomienda leer el capítulo 9: La alimentación.

1.11 Salida al aire libre

Exponerse al sol. El sol de la mañana es muy bueno y nos provee de energía (el sol es la fuente de toda energía en la vida terrestre, en la mañana es suave y no hace daño). Se recomienda hacer ejercicios al aire libre si se puede, mientras nos exponemos al sol. También se recomienda caminar rápidamente afuera, o correr; hacer ejercicios afuera en la mañana es muy sano. El aire de la mañana es mucho más cargado en oxígeno, tiene más *prana*, más energía. En la mañana respirar afuera es ideal. Si estamos cerca del mar o de un río que se mueve es ideal porque contienen mucho *prana*.

1.12 La madrugada: tiempo de reflexión

El tiempo de la mañana, entre una hora antes del amanecer y una hora luego de la salida del sol es un tiempo de energías muy calmas, no hay muchos pensamientos en el aire. Es el tiempo ideal para la meditación. También es un buen horario para escribir o reflexionar. Tiempo ideal para tomar decisiones. El aire a esta hora tiene la cualidad de la paz, la calma y el entendimiento. Vamos a tener la mente mucho más despejada para reflexionar sobre algo.

1.13 Saludar a la madre naturaleza

Cuando salimos, nos enfrentamos al cielo, al sol, al viento, a los árboles, a la tierra, a la montaña. Es la madre naturaleza. Es un beneficio inmenso saludarla. Nos reinstala, nos reubica en el mundo de la naturaleza, del cual somos parte. Nos despeja antes de meternos en el mundo de los humanos. Nos ayuda a relativizar todas las "problemáticas" de los humanos. Reubicarnos frente a la naturaleza, frente al universo del que formamos parte y que existe desde hace millones de años. Somos parte de la naturaleza. La respiración es un contacto permanente con la naturaleza. Es un muy buen momento para conectarse con esta dignidad de pertenencia a un mundo natural.

Capítulo 2
ENERGÍA VITAL

2.1 Sentir cómo cambia nuestra energía después de cada situación que enfrentamos
2.2 Enfocar el lado positivo en todo lo que hagamos
2.3 Tapar agujeros que nos quitan energía

FORMAS DE CARGARSE DE ENERGÍA VITAL
2.4 Respiración consciente
2.5 Comer conscientemente
2.6 La naturaleza
2.7 Buen sueño
2.8 Reír y sonreír
2.9 Satisfacción
2.10 Puntos corporales (dígito-puntura)
2.11 Baño de asiento
2.12 Fe y espiritualidad
2.13 Amor
2.14 La práctica del Ayuno
2.15 Controlar las palabras
2.16 Dar energía
2.17 Conocer nuestros límites de energía
2.18 Relajar mandíbula y hombros a lo largo del día
2.19 Enraizamiento

❧

La energía vital está detrás de la capacidad física y mental. Esa energía vital no la producimos, deriva del entorno. Es como si tuviésemos una batería; esta "batería" esta debajo del ombligo, los chinos la llaman el *tan-tien*, otros lo llaman el *ara*. Es un centro a donde acumulamos energía. Esta batería puede estar llena o vacía:

❀ Si está llena somos incansables, somos capaces de emprender cosas, hacer muchas tareas a la vez, enfrentar cualquier situación y darle toda la concentración necesaria, somos capaces de llevar un proyecto adelante, materializándolo.

❀ Cuando la batería está vacía no podemos movernos, tenemos pesadez física y mental, llegamos a casa y no queremos cocinar, que nadie nos hable, y nos sentimos cansados.

Esta energía la podemos manejar, podemos aprender a mantener un nivel suficiente de energía. Podemos tomar consciencia de que todo lo que hacemos nos carga o nos descarga.

Esta batería se carga con conexiones naturales, pero muchos no son conscientes de estas conexiones de carga, lo que hace que busquen energía en donde está más disponible: en los demás, buscando atención y amor. Existe una guerra entre la gente a nivel energético. Lo que el hombre hace para atraer la atención es enorme: hablar de más, hablar cuando no es necesario, hablar para tener razón o tener la última palabra, construir un *look*, maneras, modismos. Psicológicamente también desarrollamos una actitud para poder atraer la atención de los demás. Existen 4 tipos de comportamientos para esto, dos dominadores y dos pasivos:

- ✿ Si los padres fueron pasivos: el hijo tiende a ser dominador, atraer la atención "yo yo y yo, aquí aquí y aquí..."

- ✿ Puede también ser el que sabe todo.

- ✿ Si los padres fueron más dominadores y activos el hijo tiende a buscar atención de una manera más pasiva: yo lo sé pero si no me preguntan no digo nada.

- ✿ O sino, "pobre de mí, no sabes lo que me hicieron, yo no tengo suerte".

Cada uno tiene una forma psicológica para llamar la atención. Atraer la atención y el amor es una forma de cargar energía. Pero podemos aprender otras formas para no depender de eso. Tenemos que aprender lo que carga y lo que descarga naturalmente, tapar los agujeros que nuestra batería tiene en el fondo. Tanto para la carga como descarga no hay magia: se carga lentamente, cuanto más lento más seguro.

Podemos elegir un tipo de vida que incluya las herramientas que se enumeran a continuación. Si uno se encuentra bajo de energía va a tener que practicar estas herramientas durante varios días.

2.1 Sentir cómo cambia nuestra energía después de cada situación que enfrentamos

El primer paso es tomar consciencia de nuestro nivel energético, sentir como varía nuestra energía frente a cada situación que vivimos. Todo nos carga o descarga. Empezar y estar atentos a ver que nos hizo en términos energético cada actividad que hicimos. Sentir como estamos antes y después de cada situación, de cada actividad, de cada encuentro, con cada música que escuchamos.

Descubrir qué nos cargan de energía y que nos quita energía. Luego hacer un poco menos lo que nos descarga y un poco más lo que nos carga, con flexibilidad.

2.2 Enfocar el lado positivo en todo lo que hagamos

Conscientemente o inconscientemente le damos una connotación, positiva o negativa, a todo lo que hacemos. Esta connotación nos va a poner en forma carga o descarga de energía frente a cada situación que vivimos.

Por ejemplo, si voy a la ciudad pensando que hay contaminación, ruido, que me estresaré, voy a estar en descarga todo el tiempo, y al regreso de la ciudad estaré más vacío, cansado, con menos energía. En cambio si voy a la ciudad pensando que voy a visitar a alguien que tengo ganas de ver, o que tengo la oportunidad de hacer trámites que tenía pendiente, voy a estar llenándome de energía, y al regreso estaré con más energía.

Si nos dejamos influenciar por estímulos negativos, por asociación, por condicionamientos (pensamientos negativos) vamos a descargar, vamos a perder energía. Estímulos positivos o estímulos negativos nos influencian, pero nosotros podemos elegir. Las cosas son neutras, por condicionamientos tenemos la tendencia de ponerlas en positivo o negativo. Y esto nos influencia. Por eso es importante enfocarnos en algo positivo frente a todo lo que vamos a hacer. La práctica de elegir el lado positivo de cada situación nos permite tener energía.

2.3 Tapar agujeros que nos quitan energía.

Tapar los agujeros es importante, para que cuando nos carguemos de energía ésta no se pierda. Estos agujeros que nos quitan energía son:

- ✿ **Preocupaciones.**[1]

- ✿ **Dudas.** Si una duda se mantiene sobre días, semanas, meses, va a ser como un goteo que va descargándonos, un agujero en nuestra batería de energía.[2]

- ✿ **Insatisfacción y todos sus modos** (problemas, crítica, envidia). Ellas nacen a partir de las expectativas: tomar lo imaginado por lo real. Al hacer esto juzgamos lo real a partir de un ideal imaginado y como resultado es probable estar insatisfecho.[3]

- ✿ **Miedos.** Vienen de la sensación de inferioridad, timidez, inseguridades, miedo al otro, a la opinión, al futuro, enfermedad, etc. Todos esos miedos nos dejan en un estado de preocupación, de debilidad, que nos saca energía. Se necesita desarrollar el coraje. No existen obstáculos más altos que nuestras posibilidades. Lo que la vida nos da es siempre según nuestras capacidades. Trabajar el enraizamiento, la fe, la autosugestión. Autosugestión: "yo puedo, yo soy capaz, yo soy digno, me autorizo."

- ✿ **Palabras y pensamientos inútiles que no tienen propósito.** Hablar gasta mucha energía. Se desarrolla en herramientas filosóficas. No hablar tanto inútilmente. Críticas y comentarios sobre otros tiene que ver mucho con esto. Son muchas palabras que no son para un tema útil, para pasar el tiempo y perder mucha energía.

---

[1] En el capítulo 20.8 se desarrolla este punto en detalle.
[2] Para profundizar en las dudas se recomienda leer el capítulo 7: Las dudas.
[3] Para entender lo que nos genera la insatisfacción y cómo trabajarla se recomienda leer el capítulo 6: La mente.

2.4 Formas de cargarse de energía vital: Respiración consciente

La respiración puede ser consciente o inconsciente, puede ser voluntaria o involuntaria. Si lo hacemos de forma voluntaria tomaremos más *prana* del aire, nos dará más energía que si lo hacemos de forma involuntaria. Por eso aunque "gastamos" mucha energía en correr en el bosque, después nos sentimos con más ánimo, más fuerza y más energía.

- ❁ La forma más simple para lograrlo es hacer **respiración rítmica**, cuando caminamos (en vez de estar perdidos en nuestra mente) podemos ir sintiendo nuestra respiración y ponerla junto a nuestros pasos. Tratar de hacer una respiración consciente sobre los pasos: por ejemplo inhalar dos pasos, exhalar dos pasos (cada uno ajusta su respiración con sus pasos). Y mientras vamos caminando sentirla, estar con la respiración. Hacer esto es mágico porque produce cambios rápidamente si somos regulares.

- ❁ Si se quiere hacer más se pueden hacer **respiraciones profundas y largas**, 10 minutos a la mañana y 10 minutos a la noche. También se puede realizar 2 ciclos de *Kapabhalati*.

- ❁ Otra respiración muy eficiente es hacer *Anuloma-Viloma*: se tapa el orificio derecho de la nariz, se inhala por el lado izquierdo. Luego se tapan ambos lados, se retiene unos segundos y se exhala a través del lado derecho. Se inhala por el lado derecho, se cierra, manteniendo unos segundos y se exhala por el lado izquierdo. Eso es un ciclo. Al principio hacerlo cómodamente según las capacidades de cada uno, hasta poder llegar a un ritmo de inspirar por 4 segundos, retener 16 segundos y expirar 8 segundos. Utilizar la mano derecha para tapar los orificios de la nariz (pulgar y anular) y la mano izquierda sobre la rodilla. Espalda bien derecha, totalmente relajado. Tomar 2 o 3 respiraciones lentas, relajar, y empezar. Tratar de estar siempre relajado y silencioso. De 5 a 10 ciclos, aumentando poco a poco.

❀ También se puede agregar **respiración gestual**, descrita en el capítulo 1.2.

❧ La aspiración y la retención dan energía, la exhalación relaja. Cuando se respira con el objetivo de tomar energía se recomienda visualizar que al aspirar nos estamos llenamos de energía fresca que nos revitaliza y que al expirar sacamos de nuestro cuerpo el cansancio. Sentir la energía vital, su fuerza en la inspiración. También se puede visualizar en forma de luz que nos carga. Si se puede, tratar de sentir la alegría en la respiración. Es posible, una respiración puede traer alegría.

2.5 Formas de cargarse de energía vital: Comer conscientemente

La mente tiene autoridad sobre el *prana*. A donde ponemos nuestro *prana*, nuestra mente, nuestra energía vital va. Si uno pone su mente, el foco de atención, en la respiración, la reserva universal de *prana* que viene del sol y aire entra junto con la respiración dentro del cuerpo, juntando energía. Sucede lo mismo con la comida. Toda la comida tiene *prana*, alguna comida mucho y otras poco. Es ideal elegir comida con mucho *prana*: comida vegetariana, fresca y natural. Tratar de comer siempre algo crudo; lo fresco y lo crudo tiene mucho *prana*. Comiendo conscientemente, enfocando la atención en la comida uno va a tomar mucho más *prana* que si come poniendo la mente en algún otro lado. Poner la mente es buscar el gusto.

Si tienes una problemática psicológica y piensas en eso cuando comes te estás ingiriendo el problema. Comer fruta como meditación: mirarla, olerla, contemplarla, ponerla en la boca, masticarla mucho, prestar atención en el gusto, pensar que esa fruta acumuló sol, aire, agua durante muchos días para traernos toda esa energía a nuestro cuerpo. Esto nos llena de energía. Masticando la comida hasta hacerla jugo. Estar presente durante la comida, estar ahí. Una fruta se digiere en minutos y nos llena de energía. Cuando uno está agotado se recomienda reemplazar la comida usual por frutas, comiéndolas lentamente y en silencio, masticándolas mucho y disfrutando de su gusto.

2.6 Formas de cargarse de energía vital: La naturaleza

La naturaleza mayormente nos da el *prana* de la tierra. El *prana* de la tierra es 4 veces más denso que el del aire. Los árboles hacen el vínculo entre la tierra y el aire. Estar dentro de la naturaleza es estar en una pileta de energía. Poner más naturaleza, más árboles, más suelo en nuestra vida. Estar más descalzo: caminar, descubrir, descansar, trabajar en la naturaleza, hacer jardinería, etc. Los árboles son muy buenos, sentarse debajo de un árbol, abrazar a un árbol, poner la espalda contra un árbol nos llena de energía. También se recomienda tomar sol (en la mañana temprano), es una fuente muy grande de energía positiva.

2.7 Formas de cargarse de energía vital: Buen sueño

Tener un buen sueño, un buen sueño profundo reparador, nos llena de energía.[4]

2.8 Formas de cargarse de energía vital: Reír y sonreír

Reír y sonreír hace muy bien. Reírse es muy importante para la salud. Genera secreción de endorfinas. Sonreír, la actitud nos carga de energía.

Sonreír con los ojos. Obliga a ponerse en la actitud de optimismo, positivismo y abertura. Tiene un efecto inmediato sobre uno mismo y sobre el mundo externo. Sonreír con la boca solamente, puede hacerse sin la actitud, sonreír con la boca y los ojos es una actitud hermosa para enfrentarse a la vida.

- ✿ Se recomienda la **meditación de la sonrisa**: uno se acuesta, se relaja, y una vez que estas bien relajado dibuja una leve sonrisa con tu boca, sintiendo lo que produce. Disfrutar

---

[4] Para profundizar se recomienda leer el capítulo 4: Hábitos de la noche y el capítulo 5: El sueño.

esta sensación, sintiendo todo lo bueno que produce en el cuerpo esta leve sonrisa. Luego subir a los ojos y sonreír con los ojos. Disfrutar y luego bajar al cuello y sonreír con el cuello. Regresar a sentir que los ojos sigan sonriendo e ir a los hombros, sonreír de hombro a hombro. Luego volver a sentir que los ojos sigan sonriendo. E ir a sonreír con el pecho. De esta forma hacemos todas las partes del cuerpo, siempre volviendo a ver que los ojos estén sonriendo. Es una muy linda herramienta, nos carga de energía vital y cuando terminamos de hacerla estamos inmersos en alegría.

2.9 Formas de cargarse de energía vital: Satisfacción

La satisfacción trae energía. Todos los días conectarse con la satisfacción. Siempre tomar el tiempo de sentir la energía de la satisfacción después de terminar cualquier acción (solemos hacer un montón de cosas y pasamos a otras cosas sin detenernos a satisfacernos por el resultado). A partir de la acción realizada tomarnos un tiempo para contemplarla, darnos un espacio para valorarla. Cuidar la satisfacción es muy importante. Terminar cada acción con satisfacción (y si sientes que no terminas con una satisfacción porque hiciste algo que no sientes adecuado tomas una resolución respecto a eso, por ejemplo no volver a hacerlo; ésta será la satisfacción).

2.10 Formas de cargarse de energía vital: Puntos corporales (dígito-puntura)

Existen 4 puntos que nos realzan de energía.

- ✿ Dos dedos debajo del ombligo, activarlo con algunos golpecitos con dedos índice y medio, por un minuto.

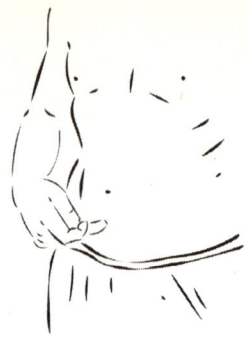

- ✿ En la cabeza, en la línea entre las dos orejas, arriba de todo, en el punto superior medio de nuestra cabeza. Activarlo con algunos golpecitos con dedos índice y medio, por un minuto aproximado.

- ✿ En ambas rodillas, apoyando las manos sobre ellas, sobre el lado exterior se encuentra un pequeño agujero con el dedo mayor, en el lado exterior de la tibia. Activarlos con algunos golpecitos con los dedos índice y medio, por un minuto aproximado.

✿ En la planta de los pies, en la parte callosa, dos dedos debajo de ese punto medio. Activarlos con algunos golpecitos con los dedos índices y medios, durante un minuto

2.11 Formas de cargarse de energía vital: Baño de asiento

Este baño desintoxica, da energía, y es bueno para quien quiere adelgazar. Es muy bueno para eliminar toxinas, genera una reacción nerviosa que repercute en todo el cuerpo, aprietan los tejidos y eliminan las toxinas hacia las vías de eliminación natural.

✿ En una palangana se pone agua muy fría y uno se sienta adentro, con las piernas y el cuerpo afuera, teniendo las caderas adentro, hasta el pliegue de la cadera. La pieza puede estar caliente para no pasar frío. Lo que se necesita es un choque frío en el lugar del perineo. Quedarse entre 2 y 5 minutos ahí, depende del tamaño de la persona, luego salir, secarse y calentarse bien. Se recomienda hacerlo todos los días en la mañana durante un mes.

2.12 Formas de cargarse de energía vital: Fe y espiritualidad

La fe es una creencia profunda. Es la conexión con *Dios* o el alma, es la conexión con el plano universal. Todo lo que tiene que ver con la universalidad nos da energía, con devoción y entrega uno se vuelve canal de la energía divina inagotable. Una persona con fe es incansable.[5]

---

[5] Se recomienda leer el capítulo 21: Dios, el alma y el espíritu.

2.13 Amor

Tanto dar como recibir amor nos llena de energía. No privarse de ello, es una gran fuente de energía.

2.14 Ayuno

Una de las cosas que más gasta energía es la digestión. Ayunar o comer cosas de poco tiempo de digestión nos libera energía.[6]

2.15 Control de las palabras

Controlar el flujo de nuestras palabras es muy útil para preservar nuestra energía. Eliminar las palabras y pensamientos inútiles, innecesarios, negativos, de juicio, crítica, y economizarlos nos dará mucha energía.[7]

2.16 Dar energía

Hay quienes nos van a quitar energía. Y no es que no tenemos que darla, hace bien dar energía. Si nos cuidamos de cargarnos hace bien dar energía. Lo que no debemos hacer es dar energía si tenemos muy poca. Pero si tenemos: dar, ayudar, escuchar, servir, hace bien, y a su vez nos llena de energía por la satisfacción de haber hecho algo útil, algo bueno.

2.17 Conocer nuestros límites de energía

Si nos descargamos demasiado nos agotará. Hay un límite donde tenemos que saber no descargar más. Estar atento a nuestro nivel energético para saber cuándo parar de gastar y saber tomarse repo-

---

[6] Los beneficios del ayuno se encuentran descritos más detalladamente en el capítulo 14.1.
[7] Para entender más la importancia de controlar nuestras palabras y del silencio se recomienda leer los capítulos 6.15 y 6.16.

so, un cambio, un espacio, dejar de trabajar, vacaciones, etc. Sino nuestro organismo nos obligará a parar de gastar, poniéndonos en la cama sin poder movernos por lo enfermo que nos sentimos.

2.18 Relajar mandíbula y hombros a lo largo del día

Mucha gente lleva estado de tensión durante todo el día: movimientos parásito, muchos movimientos de ida y vuelta, mover las manos y piernas, y tensión en la cara y el cuerpo. Esto nos hace gastar mucha energía. Siempre podemos recordar relajarnos, no solo a la noche, también durante el día.

Para esto se recomienda tratar de relajar la mandíbula y los hombros. Y veremos que siempre podemos. Podemos aprender a vivir nuestro día mucho más relajados; caminar, sentarnos, hablar, podemos hacer todo más relajados.

2.19 Enraizamiento

En el capítulo 15: Enraizamiento, se desarrolla este tópico, se trata de reconectarnos con la energía de la tierra.

Capítulo 3
ENERGÍA NEGATIVA

HERRAMIENTAS PARA TOMAR MENOS ENERGÍA NEGATIVA
POR PARTE DE LOS DEMÁS
- 3.1 No entrar en el juego de quien tiene energía negativa
- 3.2 No tomarse las cosas personalmente
- 3.3 Ponerse de lado, no de frente
- 3.4 Cerrar los centros de recepción
- 3.5 Mirar al ojo izquierdo
- 3.6 Tratar de generar lo contrario
- 3.7 Nunca reaccionar, dejarlo desinflarse

HERRAMIENTAS PARA TOMAR MENOS ENERGÍA NEGATIVA
A PARTIR DE LAS AGRESIONES EXTERIORES
- 3.8 No dejar vivir a la energía de la agresión (ni construirlas, ni dejarlas crecer)

HERRAMIENTAS PARA TOMAR MENOS ENERGÍA NEGATIVA
A PARTIR DE LA MENTE
- 3.9 Expectativas mentales

FORMAS DE VACIARSE DE ENERGÍA NEGATIVA
- 3.10 Descarga por deporte
- 3.11 Sacudir
- 3.12 Descargar
- 3.13 Gritos en la naturaleza
- 3.14 Respiración abdominal para serenarse
- 3.15 Desidentificarnos del problema y honrar las emociones

3.16　**Limpiar lugares**
3.17　**No dejar salir los problemas por la boca (hacia alguien)**

Los problemas, el odio, la envidia, la crítica, el sarcasmo, la ironía, las malas palabras, las malas intenciones, la violencia y los malos actos son parte de lo que llamamos energía negativa. Ninguno de nosotros produce esta energía, la acumulamos y la transmitimos; la energía vital y la energía negativa se toman, se acumulan y se dan.

Las fuentes de donde tomamos esta energía negativa son:

- ✿ las personas negativas
- ✿ las agresiones exteriores
- ✿ y la propia mente (expectativas que traen insatisfacción)

Frente a una agresión existe una manera normal de actuar; nuestro organismo está equipado por un sistema de defensa natural que es pelear o escapar.

Lo que sucede a veces es que uno no pelea ni escapa y se toma para uno la agresión. Eso nos altera internamente. Lo que luego suele suceder es que uno retiene la bronca y como no la quiere guardar la va a expresar en su hogar, con su pareja, con sus hijos, con su mascota, con amigos, o con alguien externo. Este es el mecanismo de tomar y dar.

Hay tres tipos de recipientes internos de energía negativa:

- ✿ Una olla de presión, cerrada con tapa. La persona está exteriormente bien, siempre bien, pero acumulando energía negativa, hasta que un día con una gotita nomás explota y ahí vacía todo el recipiente.

✿ El recipiente que no tiene tapa. Cuando está lleno gotea todo el tiempo, rebalsa. Aquí se encuentran quienes están siempre criticando, juzgando, amargado, ironizando, bajando a los demás.

✿ El recipiente que está perforado. Esta persona no dice nada, está todo bien, y esta energía pasa al cuerpo. La persona va a somatizar, se va a enfermar.

Para un adecuado manejo de la energía negativa (para estar sanos) se recomienda por un lado tratar de tomar menos de esta energía y por el otro lado vaciar el recipiente en forma regular.

En este capítulo se explicará como tratar de tomar menos energía negativa desde estas fuentes y a través de que vías uno puede vaciar sanamente su recipiente de energía negativa.

3.1 No entrar en el juego de quien tiene energía negativa. Herramientas para tomar menos energía negativa de los demás:

El primer paso para tomar menos energía por parte de los demás es entender que esta persona (con problemas) está vaciando su recipiente lleno de negatividad. Esta persona no está creando el problema, no nos quiere agredir personalmente: es una persona que está principalmente vaciando su recipiente. Sabiendo esto hay que tratar de no entrar en el juego intelectual. Alguien con bronca nos va a tomar como excusa para vaciar su recipiente. No entrar en el juego de las palabras. Digas lo que digas no cambiará nada, ahí la comunicación no se hace a nivel intelectual, se hace a nivel emocional. No buscarle una lógica, no creer lo que te dice, no tiene fundamento, no tomárselo personalmente creyendo sus palabras. Dejarlo desinflarse solo y sentir compasión. No entrar en el debate intelectual.

3.2 No tomarse las cosas personalmente

Nada realmente es personal. Un niño tiene un día en donde está con energía negativa, va al colegio y le dice a una compañera que no le gusta la ropa que tiene puesta; si la niña se toma las cosas personalmente puede ser que no vuelva nunca más a usar ese vestido, o que no use más ese tipo de vestidos. Si nos están transmitiendo energía negativa es porque esta persona está vaciando su recipiente. Nunca tomárselo personalmente.

Por otro lado si alguien nos dice algo que nos duele reaccionamos en contra de esta persona que nos lo dice; sin embargo, en realidad nos duele lo que dijo pero lo podría haber dicho cualquier otra persona. No es la persona, es el mensaje en sí. No considerar a la persona como fuente de dolor, sino al mensaje. Tratar de entender por qué nos está haciendo sufrir este mensaje.

3.3 Ponerse de lado, no de frente

Cuando estamos con una persona que está vaciando su recipiente, no ponerse frente a él. Cuando uno está cerca y de frente a otra persona estamos en su campo energético, *aura*, y los *chakras* se conectan. Entonces recibimos directamente la emoción negativa que penetra en nosotros. Por esto mismo siempre debe ponerse de lado para no absorber esa energía directamente.

3.4 Cerrar los centros de recepción

Cuando uno se encuentra con una persona que está vaciando su energía negativa, cruzar las piernas y cruzar los brazos. Esto nos protege los *chakras*, para no recibir su energía negativa.

3.5 Mirar al ojo izquierdo

Hay una tendencia natural a pasar la energía con el ojo derecho. Es debido a una polaridad energética en los ojos. Se recomienda mirar al ojo izquierdo o al centro, entre los ojos, cuando la persona con la que interactuamos tiene bronca, porque la pasará en parte a través del ojo derecho.

3.6 Tratar de generar lo contrario

Tratar de mandar paz y amor cuando la persona con la que interactuamos está expresando emociones negativas. Estas acciones tienden a calmarla.

3.7 Nunca reaccionar, dejarlo desinflarse

Pueden decirnos cosas que no nos gustan. Frente a esto uno tiende a reaccionar. Pero mejor es: no reaccionar, no actuar desde la emoción porque es ponerle leña al fuego, empeora la situación. Adoptar la actitud de guardar la calma, si es posible, y **dejar al otro desinflarse solo**. Frente a una persona que guarda su calma y no reacciona, la bronca poco a poco se desinfla totalmente.

3.8 Herramientas para tomar menos energía negativa a partir de las agresiones exteriores: no dejar vivir a la energía de la agresión (ni construirlas, ni dejarlas crecer)

La agresión viene de repente, es difícil no tomarla. Pero depende de uno mismo guardarla o no guardarla. Para no guardarla el mecanismo es no justificarla, no autorizarla, no explicarla, no entretenerse con ella. No dejarla vivir, si dejarla pasar. Si uno empieza a explorar dentro de la agresión se puede generar el efecto bola de nieve, y una pequeña agresión se transformará en horas de mucha negatividad.

Por ejemplo vamos manejando un auto en la carretera, pasa alguien que casi nos choca: eso genera una emoción fuerte en nosotros. Uno reacciona hasta con palabras. Tenemos dos opciones: dejarla vivir, justificarla y hacerla crecer dentro de nosotros (y esto nos puede llevar a mantener esta negatividad hasta la noche, la cena y la cama), o enseguida después de nuestra reacción incontrolable, regresar nuestra atención al presente, a las necesidades de la situación, elegir no mantener y no guardar esta emoción en la mente.

Es como un lago con el agua completamente plana, con la superficie completamente lisa. Tiras una piedra, hace ondulaciones que se quedan mucho tiempo y se agrandan. Así hacemos con las agresiones, un pequeño impacto empieza a crecer y crecer.

Se puede hacer una visualización de tener una superficie mágica que absorbe todo, cae la piedra y de nuevo todo es plano, sin ondulaciones. Hacer esto con las agresiones, no tomarlas, no entretenerlas, dejarlas pasar.

A la mente le gusta tener algo para jugar, entonces no tomarse las agresiones personalmente es un buen trabajo para no absorber energía negativa y para controlar la mente. No guardar la agresión, dejarla pasar.

3.9 Herramientas para tomar menos energía negativa a partir de las expectativas mentales

La mente toma lo imaginado como real y juzga el presente imperfecto en función de lo imaginado ideal. Entonces esto produce mucha insatisfacción.

Por ejemplo, uno visualiza sus futuras vacaciones en el Caribe, con playa y sol. Pero cuando llegamos llueve y el día está feo. Entonces estamos decepcionados, con energía negativa, porque nuestras expectativas mentales eran de días de sol. Pero lo real en este caso es la lluvia, no el día de sol que imaginamos, y lo importante sería poder disfrutarlo.

- **Entender el mecanismo de la mente y no tomar lo imaginado como la realidad**. La mente en general es buena para definir un objetivo, que a su vez define una dirección (pero no es la realidad). También es buena para organizar como llegar a este objetivo, pero muchas veces cuando la mente naturalmente hace esto toma lo imaginado como la realidad. Puede darse o puede que no resulte así. No sentir insatisfacción si no se da como lo imaginamos. **Aceptar como sucede el presente, aunque no sea como lo esperábamos**, es la realidad que nos toca y se puede hacer algo con ella. Si eres consciente no caerás en la trampa, y dejará de traerte insatisfacción.

Este procedimiento mental es muy común en nuestra vida. Son miles las expectativas imaginadas que nos crean decepción e insatisfacción en lo cotidiano: pensamos que la comida va a ser siempre buena, que la circulación va a ser siempre fluida, que el amigo va a ser siempre fiel, que el hijo va a ser siempre exitoso, etc…, y la realidad nos hace sufrir inútilmente.

Cómo vaciarse de energía negativa

De cualquier forma siempre entra energía negativa. Los recursos descritos arriba harán que entre menos energía negativa. Ahora, en segunda instancia, se explicará cómo vaciar nuestro recipiente de energía negativa sin utilizar a las personas como chivos expiatorios, y hacerles daño.

**3.10 Descarga por deporte.
Formas de vaciarse de energía negativa**

En el caso de ser deportista se recomienda hacer un deporte rápido, a fondo, de corto tiempo. Estos ejercicios requieren tanta energía que el cuerpo va a consumir todo lo disponible a nivel físico, resultando ser como una succión de energía muy intensa, consumiendo inclusive la energía negativa. Algunos ejemplos:

- **Correr,** 100 metros lo más rápido posible, caminar para recuperar la respiración y luego correr nuevamente. 2 o 3 veces con tiempo de recuperación en el medio.

- **Bicicleta,** medio kilómetro, lo más rápido posible, recuperar y luego otro medio kilómetro.

- **Natación,** nadar 50 metros lo más rápido posible, recuperar. 2 o 3 veces con tiempo de recuperación en el medio.

Si uno no es deportista se pueden usar los ejercicios de sacudir que se enumerarán a continuación.

3.11 Sacudir

Este tipo de ejercicios se realizan teniendo en la mente la visión de que son energías negativas que guardamos en vez de dejarlas fluir, entonces se congestionan, se solidifican, se fijan en nuestro cuerpo como bloqueos congestionados que se quedan pegados sobre nosotros. Estas herramientas nos ayudan a sacar la energía negativa de la superficie. Se puede hacer de 3 maneras diferentes.

- ❂ **Sacarse la capa de energía negativa de nuestra superficie** visualizando que es una especie de cosa pegajosa, asquerosa, pegada sobre nuestro cuerpo. Sacudirse como si el cuerpo se encontrara todo cubierto de polvo, de esa capa (como hacen los perros para quitarse el agua después del baño). Luego uno se cepilla con las manos todo el cuerpo, y terminamos por sacudirnos, especialmente las extremidades, los brazos y las piernas.

- ❂ **Sacudida de niño.** Patalear y sacudir los brazos sobre una expiración. Tomamos una aspiración profunda y con la expiración empezamos a patalear sobre el suelo, primero fuerte y lentamente, y luego más rápido. Se termina con un salto al piso en donde los brazos y las piernas terminan de expulsar toda esa energía fuera del cuerpo hacia abajo.

- ❂ **Pataleos acostado y sacudiendo brazos.** Acostado sobre la espalda uno da patadas hacia el techo con las dos piernas, luego uno hace lo mismo con las manos y brazos también, y con la cabeza, moviéndola. Aceleramos los movimientos hasta el máximo, sacudiendo todo, y luego descansamos.[1]

3.12 Descargar

Este tipo de ejercicio se recomienda si hay dentro nuestro emociones negativas fuertemente enraizadas, una herida, bronca, envidia o miedo que tenemos muy arraigado, que guardamos desde hace mucho tiempo.

- ❂ Aspirar parado, levantando los brazos de frente, hasta llenar los pulmones al máximo. Se retiene la respiración,

---

[1] Después de estos 3 ejercicios se recomienda realizar la respiración abdominal, acostado, descripta en el punto 3.14.

se cierran los puños con fuerza, apretando, y se traen los puños al pecho. Mientras se retiene el aire y se aprieta uno piensa en todo lo negativo que tenemos adentro, que queremos descargar, generando una bola negra con todo lo que no queremos, deseando sacarla. A medida que pasan los segundos aumenta la presión y tensión porque no se puede respirar, y cuando no podemos aguantar más se toma la bola de energía negativa y se la arroja al suelo, con fuerza y expirando de golpe. Es un ejercicio bioenergético. Para que funcione a nivel emocional y mental poner el movimiento físico con la respiración y con la mente. Arrojar esa bola negra al suelo con la fuerza que la haga sumergirse un metro dentro de la tierra. Repetir 3 veces.

3.13 Gritos en la naturaleza

Este mecanismo ayuda a descargarnos, a sacar la bronca a través de la voz. Se recomienda hacerlo en la naturaleza, descargar energía negativa es vaciarse de emociones retenidas que nos complican la vida, y devolverla a la naturaleza a quien pertenece. Para la naturaleza esta energía es neutra, no es positiva o negativa, no le va a hacer mal. Encontrar algún lugar donde no afectemos a nadie con nuestra descarga: inhalar profundamente, luego gritar fuerte, tratando de poner palabras, o solamente sonido.[2]

3.14 Respiración abdominal para serenarse

Respirar solamente con el abdomen, sin mover el pecho. Para realizar esto: acostado, colocar una mano sobre el abdomen y la otra sobre el pecho, completamente relajadas. Tratar que la única mano que se mueva sea la del abdomen, que la del pecho no se mueva, subir el abdomen y la mano al aspirar, y bajar al expirar.

Este tipo de respiración hace que los pulmones se expandan a donde más se pueden expandir, hacia abajo, donde no hay cos-

---

[2] También se recomienda gritar en la descarga, 3.12.

tillas. Esto va a aflojar el diafragma, donde se bloquean las emociones, porque arriba del diafragma es donde se ubica la respiración emocional (solemos bloquear la respiración al nivel del diafragma). Al hacer esta respiración se desbloquea el diafragma y esto ayuda a que se desbloqueen las emociones.

Al trabajar esta respiración estamos trabajando las emociones, además de muchos otros beneficios. Es la respiración de todos los que trabajan con respiración y la de los bebés. Es la respiración natural, la que nos tranquiliza. Se recomienda practicar esta respiración después de los ejercicios de sacudir y descargar. Para las personas muy emocionales o sensibles a la energía de los demás se recomienda practicar esta respiración 5 minutos de mañana y 5 minutos de noche.

3.15 Desidentificarnos del problema y honrar las emociones

Ver y tener presente que esta bronca no soy yo, se acumuló en mí y ahora sale, pero no estoy obligado a identificarme con ella. Cuando uno siente que crece el problema reconocerla, aceptarla, no reprimirla ni esconderla, pero no darle salida ni con palabras ni con actos hacia alguien, sabemos muy bien que hace daño al uno como al otro. Ofrecérsela a Dios: "*Dios* por favor toma este problema que hay en mí, no la quiero y no le quiero hacer daño a nadie, no se qué hacer con ella, entonces tómala, para ti no es negativa, es solamente energía, y tú sabrás que hacer con ella". Honrar las emociones. Si las escondemos se van a quedar adentro nuestro y van a generar ansiedades, una vibración en el cuerpo. Si la reconozco y la honro puedo liberar la energía de la emoción y utilizarla luego.

3.16 Limpiar lugares

Se recomienda limpiar nuestros lugares, para quitar energía negativa que a veces queda en el ambiente. Los pensamientos y las emociones tienen realidad, luego de emitirlos se quedan en la casa, en la vivencia de las personas alrededor, y se vuelven parte de nuestra normalidad, de nuestro entorno, que a su vez nos lo devuelve y nos afecta. Esto se realiza con mucho aire, sol, sahumerios, rezos, música sagrada, *mantras*, aceites esenciales que calman (mandarina contra los pensamientos negativos, flores de verano que realzan lo lindo y la alegría, sándalo, pino y rosas).

3.17 No dejar salir el problema por la boca (hacia alguien)

La ira es un clásico enemigo de la paz. Nace del deseo y de la pasión: del deseo que no es cumplido o es impedido. La ira es la base de muchos problemas mentales y físicos, nos desestabilizan.

Lo que debemos hacer es empezar a controlarnos cuando empieza la irritabilidad y no esperar a que sea algo incontrolable. Controlarnos si vemos un poco de irritabilidad y hacer silencio, no dejar salir por las palabras ni los actos esa energía negativa. También saber no recibir un insulto: no tomarnos las cosas personalmente (solo nos generará ira y problema cuando nos lo tomamos personalmente).

- ❋ Una práctica que libera el resentimiento, el odio, el "no olvidar", es el **arco para atrás**. Uno se pone de espaldas sobre la cama, con la parte superior del cuerpo afuera de la cama, desde el nivel del corazón, los brazos estirados, relajarse completamente, la cabeza cae al vacío, se abre el plexo solar, se abre el pecho, y respirando profundamente por el pecho, uno siente que libera muchas emociones reprimidas.

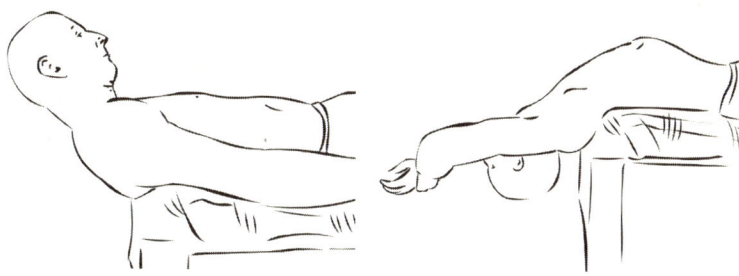

Capítulo 4
HÁBITOS DE LA NOCHE

4.1 Sacudir y descargar
4.2 Tomar un baño completo, ducha o baño de pies
4.3 Ejercicio de cuello
4.4 Postura invertida
4.5 Estiramientos
4.6 Aislamiento
4.7 Auto-relajación
4.8 Balance del día
4.9 Prepararse para un buen sueño

⊚

De la misma manera que a la mañana preparamos "el aparato" humano para estar más presente, despierto, disponible y capaz de enfrentar nuestro día, por la noche "el recipiente" humano recibió, vio, escuchó, pensó, hizo y sintió mucho. Queremos vaciar este recipiente para estar más tranquilos.

Una vez que cocinaste con una olla, no la vas a guardar así nomás, la vas a limpiar bien antes de guardarla. Eso es lo que tenemos que hacer, sacar todo lo que no necesitamos, eliminar las tensiones, todo lo negativo, lo no necesario. A la noche debemos cuidar de lo que vamos a traer a la casa porque es el entorno en el cual queremos relajarnos y descansar.

Proteger la cena, la familia y fundamentalmente el sueño. No queremos llevar a nuestro hogar las cosas no armoniosas o desequilibradas del día. Si llegamos con preocupaciones a la casa no vamos a poder estar presente para nuestra familia, para escuchar a nuestra mujer e hijos, para hablar con un amigo, para relajarnos. Si hay barro afuera, cuando llegamos a casa nos sacamos los zapatos para no ensuciar, dejamos la casa con una cierta comodidad para poder descansar. El barro se ve, pero las preocupaciones, broncas, dudas, excitación, estrés no se distinguen tan bien; solemos traer esas cosas sin verlas y las ponemos en las paredes, en la familia, en la comida. Esto empeora la salud, las relaciones, y no nos permite descansar. Si traemos todo esto a la noche, nuestra noche no será reparadora sino será somatizadora y se nos plasmará todo esto en el cuerpo.

Por ello es que tenemos que vaciar todo lo no necesario que traemos antes de entrar. Toma un tiempo en darse cuenta que son realidades: si lo hacemos durante cierto tiempo lo sentiremos. Cuando se descubrieron los gérmenes la gente no se lavaba las manos, tomó un siglo para que la gente se diera cuenta de que existen a pesar de que no los ven. Aquí sucede lo mismo. Esta es la idea, por un lado proteger la casa, la cena, la familia, y por el otro lado proteger nuestro sueño.

4.1 Sacudir y descargar

Lo primero que tenemos que hacer es sacudir y descargar. Si se puede hacer afuera, antes de entrar a la casa, es ideal.[1]

4.2 Tomar un baño completo, ducha o baño de pies

Tomar un baño completo nos ayuda a relajarnos y nos junta. Somos dispersos, tenemos el cuerpo por un lado, la mente por el otro lado. Tomar un baño nos junta, nos relaja, nos quita toda la inercia con la que venimos de todo un día de movimientos y pensamientos. Hay una inercia que acarreamos de todo un día de actividad, por ello el baño es muy bueno para frenar, relajarnos y juntarnos.

- ✿ Si se puede es preferible un **baño completo**, se puede agregar sales o aceites esenciales para ayudar.

- ✿ En caso de no poder realizar un baño completo tomar una **ducha**, pensando que nos lava a nosotros y a todas nuestras emociones y estrés, que es un proceso físico y psicológico importante.

- ✿ En caso de no poder ducharse se recomienda realizar un **baño de pies** para relajar, por ejemplo con salvado y hojas de nogal: se hierven con agua y se ponen los pies dentro de una palangana con el agua caliente.[2]

4.3 Ejercicio de cuello

La zona del cuello, la nuca y los hombros suelen tensarse mucho a lo largo del día porque cargan con las responsabilidades que

---

[1] Se explican ambos en los capítulos 3.11 y 3.12.
[2] Checar con su fitoterapeuta, naturoterapeuta, o dietética, para saber de más posibilidades en hierbas específicas que cumplan con la misma función en su región.

nos imponemos. Esta zona suele estar siempre muy tensionada. Y es el cuello la vía por la que ingresamos alimentos, oxígeno, y sangre a la cabeza (la oficina). Por esto es muy importante que esta zona esté libre y despejada.

❁ El ejercicio es de yoga. Sentado, primero se relajan totalmente los hombros. Cuando se aspira estirar bien la columna, acercando la cabeza al techo, lo más derecha posible. Cuando se expira uno deja caer la cabeza hacia atrás. Quedarse tres respiraciones ahí; con cada respiración se relaja un poco más la cabeza y los hombros. La cabeza va aumentando de peso y se relaja, con cada inspiración se sigue estirando la columna hasta el cuello solamente, sin levantar la cabeza, y relaja la cabeza para atrás.

Luego aspiramos y levantamos la cabeza nuevamente, se exhala y ahora se realiza lo mismo que antes pero con la cabeza hacia adelante. Seguir aspirando, estirando la columna hasta la nuca sin levantar la cabeza, que se quede adelante, mentón hacia el pecho, nuca relajada, y con cada exhalación se relajan un poquito más los hombros y la cabeza. Hacer este ciclo dos veces.

Luego se gira la cabeza suavemente, como si quisiéramos mirar hacia atrás por arriba del hombro. Cambiar de lado con la respiración, sintiendo que se estiran con suavidad todos los músculos. Luego, con la exhalación inclinar la cabeza de lado, apuntando el oído hacia el hombro. En esa posición estira el lado del cuello. Cada vez que aspiramos, el cuello va más al techo y cada vez que exhalamos la cabeza se relaja un poquito más. Hacer lo mismo para cada lado.

Luego se realiza la vuelta completa: la cabeza hacia abajo y adelante, el mentón hacia el pecho, se inspira y uno va girando hacia atrás (pasando con el oído sobre el hombro), luego se exhala de atrás hacia adelante, completando toda una vuelta con una respiración completa. Realizar 3 vueltas para un sentido y luego 3 vueltas para otro sentido. Despacio y nunca forzar. Solamente dejar rolar la cabeza, relajada.

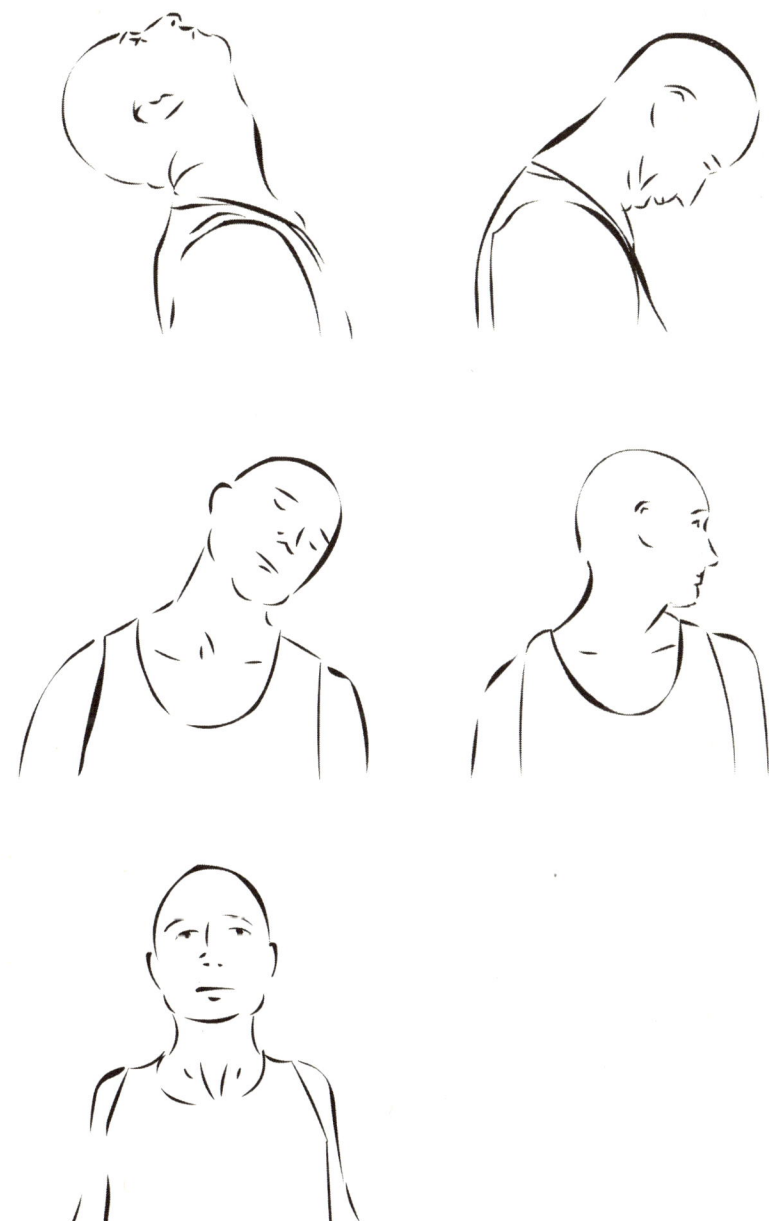

Finalizados estos ejercicios se puede realizar movimiento con los hombros: sin mover la cabeza, hacer rotación con los hombros lo más grande posible, primero en un sentido, luego en el otro sentido. También sacudirlos un poco: subir los hombros aspirando, se tensan y luego bajar los hombros como tirando para abajo, acompañados por la exhalación.

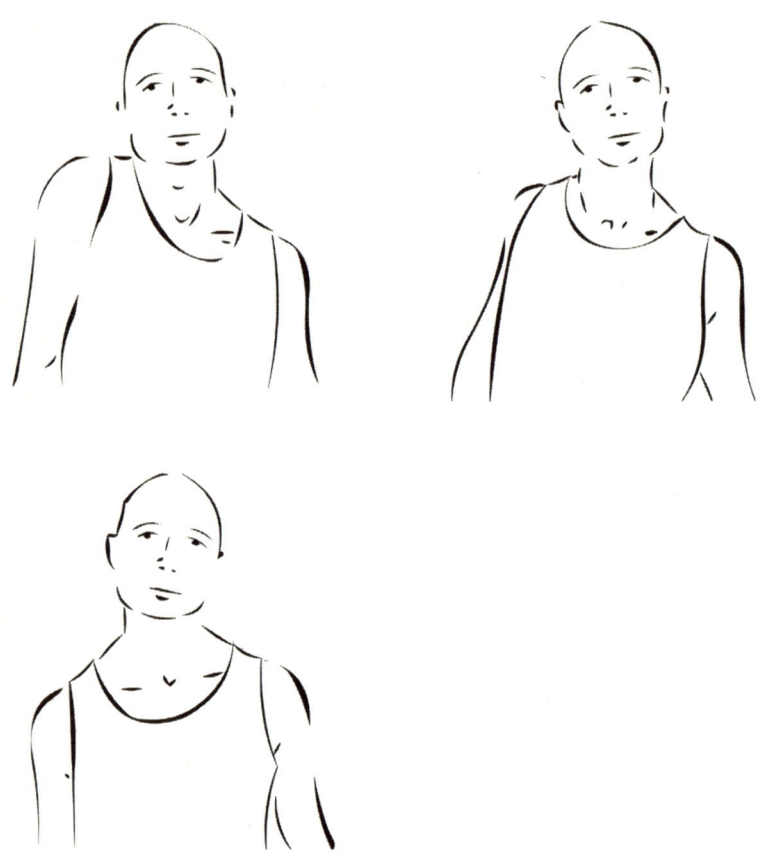

4.4 Postura invertida

La postura invertida es muy importante en la noche, nos va a traer toda la sangre de las venas hacia el corazón y los pulmones, elimina la pesadez de las piernas por haber estado mucho de pie. Realizar esta postura provee de más sangre al corazón, ayudándolo a expandirse. Tiene muchos beneficios.[3]

- ❂ Para los que la saben hacer lo mejor es hacer la **postura sobre la cabeza** (hay que aprenderla con un profesor). Esta postura es la más beneficiosa, se recomienda aprenderla para poder hacerla todas las noches por lo menos tres minutos.

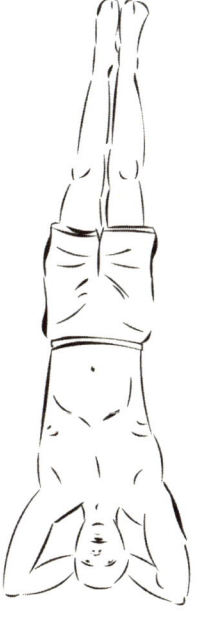

---

[3] La *postura sobre la cabeza* y la *postura sobre los hombros* no se recomienda en algunos casos de problemas cervicales, alta presión sanguínea, y problemas de ojos. Consultar con su médico.

❧ Hasta poder aprenderla se puede hacer la **postura sobre los hombros** *(Sarvangasana)*: empezando acostado, se levantan las piernas, se levantan las caderas, se levanta la espalda, y se ponen las manos sobre la espalda. Primero las piernas suben dobladas, con las rodillas apuntando hacia la cabeza. Luego uno va enderezando la espalda, moviendo los codos de a poco acercándolos, y bajando las manos hacia los omóplatos (pegando las palmas de las manos en la espalda). Así se levanta la espalda y se acerca el pecho al mentón. Cuando uno se encuentra lo más vertical posible, estirar las piernas. Cuando estamos en posición vertical y cómodos, pasamos al segundo nivel que es quedarse inmóvil; relajando la cabeza, los pies, las piernas, todo lo que se pueda relajar, y se cierran los ojos. Se tiene que lograr estar cómodo, instalado, sin tensión. El tercer nivel es relajar la respiración; hacerla suave, lo más silenciosa posible, alargarla y regularla con el mínimo esfuerzo. El cuarto nivel es poner la respiración en la garganta, sentir que respiramos con la garganta. Luego de unos minutos en esta posición, o cuando uno se cansa, bajar las rodillas hacia la frente y quedarse en esa postura unos minutos. Luego volvemos a la posición inicial y respiramos de forma normal. Todo esto se logra progresivamente, cuidando de no forzar con el cuello, y descansando enseguida de ser necesario.

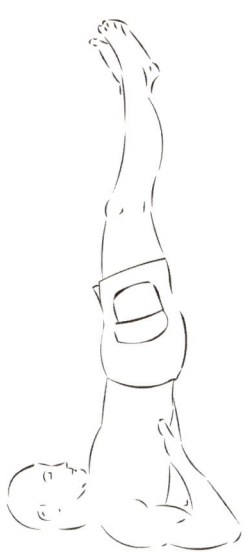

✿ Si no puede hacer esta postura se puede sentar con los glúteos lo más pegados a la pared, después subimos las piernas contra la pared en vertical, luego se doblan las rodillas poniendo los pies sobre la pared, y desde ahí, empujando con los pies, uno va levantando la espalda. Con esta ayuda uno puede lograr ponerse en la postura sobre los hombros, pero con los pies doblados en la pared, cuidando del cuello. Así debemos quedarnos unos cuantos minutos.

✿ Si no se puede hacer esto tampoco, se recomienda sentarse contra la pared y poner las piernas contra ésta en forma vertical.

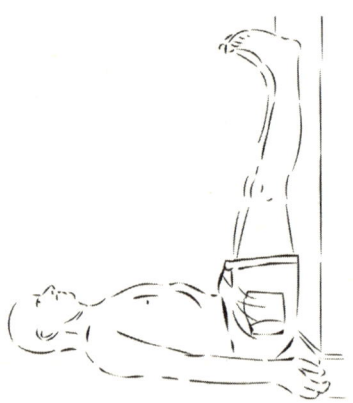

4.5 Estiramientos

✿ **Estirar los lumbares y la espalda.** Acostarte boca arriba, estirar las piernas y traer una rodilla al pecho. Agarrarla con ambas manos, apretando el muslo contra el abdomen. Realizar respiración abdominal, unas 5 respiraciones, luego levantar la cabeza a la rodilla y realizar 3 respiraciones más. Hacer lo mismo con la otra rodilla, y despues con las 2 rodillas juntas. Luego se relaja la cabeza sobre el suelo, se ponen los pies sobre el suelo, con las rodillas dobladas, y se levantan los glúteos, formando un puente. Realizar unas 3 respiraciones en esta posición. Finalmente, con los dos pies en el suelo y las rodillas dobladas y juntas, expirar, dejar caer las dos rodillas de un lado, hacia el suelo, con los brazos en cruz, y la cabeza de lado opuesto de las rodillas. Regresar y hacer lo mismo para el lado contrario. Luego hacer lo mismo con los pies despegados y las rodillas más levantadas, para ambos lados.

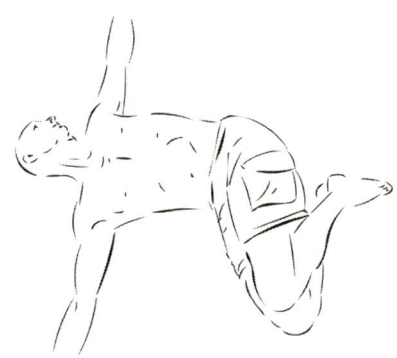 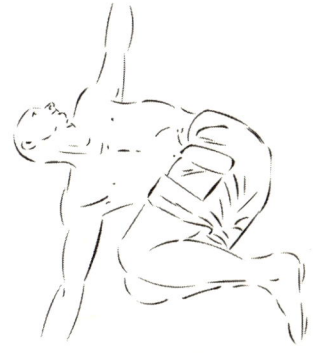

❂ **Estirar las piernas y la parte lumbar.** Flexión adelante (postura *Pachimotanasana* de yoga). Estiramos las piernas adelante y nos sentamos con las piernas estiradas en el suelo, con el torso bien derecho. Al aspirar se estiran los brazos hacia el cielo y al expirar, nos doblamos desde la cintura, dejando la espalda lo más recta posible. Bajamos hasta que no puede bajar más el abdomen ni el pecho, bajamos los brazos, tomamos los pies (los tobillos o hasta donde se pueda) y ahí nos quedamos, tratando de poner el abdomen hacia los muslos. Una vez que estamos en esta posición relajar, respirar y sentir. Es muy importante nunca forzar, escuchar al cuerpo, quedarse adentro de sus límites, y respirar profundamente.

Si uno es muy rígido de la parte lumbar, se puede sentar con las piernas estiradas delante de sí, doblar las rodillas y poner el abdomen sobre los muslos, agarrándose los codos por debajo de las piernas y apretando con los brazos apoyar firmemente el abdomen contra los muslos, cerrar el ángulo de las caderas, guardar la fuerza con los brazos y estirar las piernas hasta donde se pueda. Relajar las caderas y respirar normalmente con el abdomen: la expansión del volumen del abdomen por la inspiración nos desbloquea poco a poco.

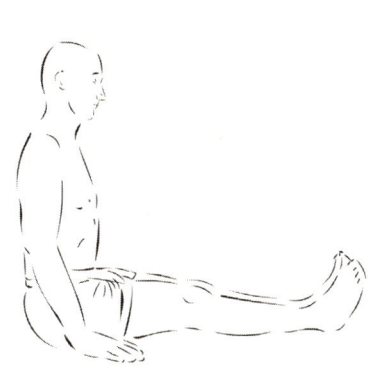

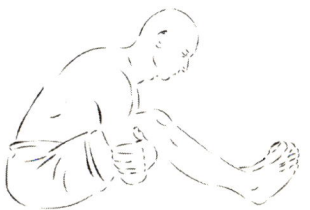

En ambas posturas realizar como mínimo unas 10 respiraciones lentas.

❧ También se puede hacer el **saludo al sol**, pero muy lento, quedándose varias respiraciones en cada postura.

4.6 Aislamiento

Ponerse por lo menos 5 minutos en un lugar oscuro, silencioso, sobre el suelo duro y hacer respiración muy lenta, con el menor esfuerzo posible. Se puede poner una pequeña música, unos *mantras* o repetir *om*.

Es un aislamiento que nos ayuda a bajar todo; es un tiempo que necesitamos para realmente hacer una separación entre el mundo de interacción, afuera, y el mundo de la casa, de la familia, de la noche. Especialmente si uno no hace el baño completo hacer el aislamiento es muy recomendable. Como herramienta opcional, se podrían hacer los ejercicios de respiración al principio del aislamiento.[4]

4.7 Auto-relajación

Acostarse en el suelo, en un cuarto oscuro y silencioso, sobre algo duro. Primero, uno se estira y bosteza por un minuto o dos. Segundo, realizar un minuto o dos de respiración profunda, prestando atención en relajar, en cada expiración, una parte del cuerpo; la cabeza, la mandíbula, los hombros, los brazos, el abdomen, el pecho, las piernas. Tercero, se pasa a la respiración natural, sin sonido, sin intentar hacerla, sin poner esfuerzo, sin controlarla ni frenarla, dejándola vivir, que sea natural, y uno se sigue relajando con esta respiración suave, corta, silenciosa, tratando de sentir el peso del cuerpo que toca el suelo.

---

[4] Como por ejemplo la *Anuloma-Viloma* descrita en el capítulo 2.4 o *respiración abdominal* descrita en el capítulo 1.2.

4.8 Balance del día

Hacer un balance del día pequeño y muy simple: ver en algún momento los puntos negativos y los puntos positivos del día. Si sentimos que cometimos algún error reconocerlo, esto nos va a ayudar para no repetirlo nuevamente. Y terminar con el punto positivo del día, enfocarse en algo positivo. Terminar el día con una satisfacción.

Capítulo 5
EL SUEÑO

5.1 Comer liviano y temprano
5.2 Caminata antes de dormir
5.3 Qué no hacer antes de dormir
5.4 Aceites esenciales
5.5 No pensar en los deseos antes de dormir
5.6 Satisfacción antes de dormir
5.7 Ventilar
5.8 Dormir del lado izquierdo
5.9 Dormir con la cabeza al este
5.10 No dormir con ropa ajustada
5.11 Entregarse
5.12 Dormir temprano
5.13 Evitar focos de energía geo-biológicas negativa
5.14 Nunca forzar el sueño

൭൭

Según el yoga, la ignorancia de que la felicidad se encuentra adentro nuestro produce los deseos (que activan la mente). Debido a los deseos los sentidos y las acciones se ponen a trabajar hacia afuera y gastan la energía disponible. Cuando no se tiene más energía disponible ocurre el sueño. Si aún queda algo de energía en la mente o si hay ansiedad o agitación en la mente, la mente gasta esta última energía en los sueños. Luego, cuando ya no queda energía, llega el sueño profundo, a donde la persona se junta de nuevo con su fuente, donde se encuentra la energía del universo y se recarga.

Entonces el sueño es el que más nos recarga de energía, y los deseos y la preocupación son los que más nos impiden el sueño profundo reparador. Por eso enfocar en la satisfacción antes de dormir es muy importante para eliminar los deseos y eliminar la agitación mental. Ir a dormir sin deseos ni agitación mental permite bucear en el sueño profundo reparador.[1]

൭൭

---

[1] Se recomienda leer también el capítulo 4: Los hábitos de la noche, que nos ayudan y participan en la preparación adecuada para obtener un buen sueño.

5.1 Comer liviano y temprano

Se recomienda comer liviano por la noche. Si la comida es liviana, sana y vegetariana no tendrá más de 3 horas de digestión (otros tipos de comida aumentan mucho el tiempo de digestión), y el ideal es terminar la digestión antes de ir a dormir para que todo nuestro cuerpo pueda abandonarse al sueño, al descanso, al reposo. Si el aparato digestivo está en pleno proceso digestivo será más difícil lograr un buen sueño, por eso es importante terminar la digestión antes de ir a dormir. Para lograrlo lo mejor es comer liviano y temprano. Hay alimentos que favorecen el sueño, por ejemplo los alimentos líquidos como las sopas, la lechuga, la manzana (ver cada uno en su lugar que alimentos se recomienda de digestión rápida). Adicionalmente se puede tomar un té para la digestión y un tiempo después (luego de la caminata) tomar otro té específico para el sueño, como camomila.

5.2 Caminata antes de dormir

Luego de comer es ideal ventilarse, pasar unos minutos afuera. Se recomienda antes de dormir una caminata corta, lenta y afuera. Si uno trabaja todo el día con la mente es muy importante que haga la caminata antes de dormir.

5.3 Qué no hacer antes de dormir

Se recomienda no hacer actividades que activen la mente: algo muy interesante o algo estresante no nos va a dejar dormir. La noche no es un buen momento para pensar, mirar, o entretenerse con ideas que nos interesan y queremos hacer, tampoco para entretenerse con preocupaciones, deseos, etc. No podremos soltar si estamos metidos en eso. A nivel de libros, televisión, música: que no sean violentos, excitantes, ni demasiado apasionantes. Se recomiendan libros sagrados, libros religiosos, espirituales, películas del mismo género, o música con *mantras*, para poner las más puras y altas vibraciones antes de dormir. También leer un libro un poco aburrido o difícil de leer (porque es complicado o está en otro idioma).

5.4 Aceites esenciales

Algunos aceites esenciales nos ayudan a relajarnos. Se recomienda lavanda y neroli (naranja amarga). Se puede poner en el baño cuando nos bañamos, en la sala en donde hacemos nuestra relajación, en la sala donde comemos, en la sala donde estaremos luego de la cena, y una o dos gotas en las sábanas unas horas antes de irnos a dormir.

5.5 No pensar en los deseos antes de dormir

Los deseos nos impiden llegar al sueño profundo reparador, si nos dormimos pensando en deseos nuestra energía se enfocara en ello, transformando el sueño en una actividad somatizadora y también mantendrá la mente agitada, lo que puede impedir el sueño. No pensar en los deseos antes de dormir se encuentra relacionado con la satisfacción antes de dormir.

5.6 Satisfacción antes de dormir

Antes de acostarnos a dormir tratar de enfocarnos en la satisfacción; encontrar el lado positivo de algo que hicimos en el día, nos permite ir a dormir con una mente positiva, llena, sin faltas, y equilibrada.

5.7 Ventilar

La circulación del aire y del oxígeno limpia el ambiente y lo vuelve más liviano y neutro para el sueño. Ventilar el cuarto un buen tiempo durante el día. Si se puede, y si el lugar se presta, se recomienda dormir con una ventana abierta o semi-abierta.

5.8 Dormir del lado izquierdo

Si se puede se recomienda dormir sobre el lado izquierdo. Libera el lado derecho de la nariz, que representa la energía que calienta el cuerpo y mejora la digestión.

5.9 Dormir con la cabeza al este

Si es posible se recomienda dormir con la cabeza al este. Esta recomendación es porque la tierra gira hacia el este y cruzamos el campo eléctrico que nos atraviesa a partir de la cabeza hacia abajo. La cabeza al norte no favorece al sueño.

5.10 No dormir con ropa ajustada

Se recomienda no dormir con ropa ajustada para permitir que el cuerpo este cómodo y relajado, y no obstruya la circulación del flujo sanguíneo.

5.11 Entregarse

Si uno cree en Dios, entregarse al sueño es entregarse a Él. Si uno no cree por lo menos sentir que al dormir nos entregamos, sea a la madre divina, o a la naturaleza, o a la fuente de donde venimos y a dónde nos vamos a regenerar.

5.12 Dormir temprano

Se recomienda tomar el buen hábito de irse a dormir temprano porque nos ayudará a levantarnos temprano. Esto es muy recomendable para tener una vida sana, positiva y larga. Nos ayuda a respetar los ciclos naturales del sueño. *"Al que madruga Dios lo ayuda"*.

5.13 Evitar focos de energía geo-biológicas negativa

Nos encontramos influenciados por energías negativas que existen en el ambiente en donde dormimos. Puede que sea por la orientación de la cama, en un material con el que está construida la casa, en el suelo, o que sean redes de energías subterráneas. Los gatos y los bebés pueden dar indicaciones sobre estas energías (los bebés lo intuyen, tienen tendencia a no ponerse sobre puntos de energía negativa cuando duermen, y los gatos justo van a colocarse sobre esos focos), pero es mejor encontrar estos focos con especialistas (radiestesistas, geobiólogos, etc.). De todas formas no se recomiendan antenas, aparatos eléctricos, TV, computadoras (enchufados o en *stand-by*), que estén a menos de un metro, o dos, de donde dormimos.

5.14 Nunca forzar el sueño

Si uno no logra dormir, nunca debe forzarse el sueño; éste tiene que venir solo, naturalmente. No "tratar" de dormir porque dormir es el resultado de un soltar, no de un hacer. Si tratamos, si hacemos algo, estaremos activándonos, lo que se vuelve en contra para poder dormir. La recomendación es armar el ambiente lo más favorable posible para poder caer en el sueño. Si uno toma todas las herramientas de este capítulo podrá dormir, lo logrará; pero si no lo logra en el momento se recomienda repetir la caminata, el té para el sueño, el libro aburrido, y el sueño llegará solo.

Capítulo 6
LA MENTE

6.1 La mente no lo entiende todo
6.2 La mente no siempre tiene la razón
6.3 La mente imagina algo y piensa que es realidad
6.4 Recordar que los pensamientos y emociones son reales
6.5 La concentración
6.6 Definir objetivos
6.7 Disciplina y regularidad
6.8 El ego
6.9 La mente necesita espacio
6.10 Práctica de la verdad
6.11 Práctica del presente
6.12 Práctica de la austeridad
6.13 Práctica del contentamiento
6.14 Actuar según las necesidades y no los deseos
6.15 Escuchar más, hablar menos
6.16 Práctica del silencio
6.17 Práctica de la paciencia
6.18 Moderación, la ley del medio
6.19 Alimentación de la mente
6.20 *Bigger picture*
6.21 Ver el lado positivo
6.22 Repetición de mantras
6.23 Respiración rítmica
6.24 Cantar
6.25 Meditación
6.26 Respiración

6.27 Abertura mental
6.28 Aceites esenciales
6.29 Ojos
6.30 Agua
6.31 Equilibrar los hemisferios
6.32 Yoga y relajación
6.33 Deportes, trabajos físicos y actividades en la naturaleza
6.34 Cambios
6.35 Autosugestión
6.36 No pensar demasiado en el pasado
6.37 Trabajar el desapego
6.38 Expandir los pensamientos reflejos

֎

Para muchos la mente es la última realidad del ser, la razón es el logro supremo del ser humano "Pienso, luego existo", y nos identificamos con ello. Pero la mente nos hace ver el mundo según su opinión, sus emociones y sus creencias. La mente actúa como una lupa, un microscopio, un laboratorio de análisis o un centro de estudio. Toma una información, un asunto, y lo examina, lo estudia, lo amplía, no lo suelta, lo guarda como el centro de interés personal, borrando todo lo demás. Tal como un microscopio la mente desconecta el objeto de estudio de su contexto, de su entorno. Como la mente está influenciada por las emociones, los instintos, los condicionamientos, las preferencias y el egoísmo, el resultado es parcial, positivo o negativo según los ciclos. La mente tiene el poder de sacarle informaciones al objeto estudiado, y entonces aprender, construir, evolucionar. Pero también tiene el poder de transformar una pequeña problemática personal en un mundo totalmente hostil, negro y negativo. La herramienta mental (el poder de concentración) es neutro, pero su utilización continua, indiscriminada, sin cuidado ni consciencia, puede volverse en contra de nuestro bienestar, en contra de la situación presente.

Una mente negativa siempre verá un mundo negativo y una mente positiva siempre verá un mundo positivo. Pero el mundo es neutro, es como es, y no somos la mente.

֎

EL MUNDO ES COMO LO PENSAMOS

Vivimos la vida como la imaginamos. Los pensamientos tienen el poder de materializarse.

ME VUELVO LO QUE PIENSO Y TAL COMO PIENSO SERÁ MI MUNDO

Por ejemplo dos personas realizan exactamente el mismo viaje, un mismo recorrido: para uno fue un viaje lindo y exitoso, para el otro fue una pesadilla. ¿Cuál es la diferencia? La actitud mental con la que realizamos el viaje.

Si queremos que nuestra vida sea buena, sana, evolutiva, entonces es indispensable que nuestra visión (nuestra mente) también sea así. La mente de la mayoría de la humanidad no es ni educada, ni controlada, ni pura.

El hombre normal, hoy en día, utiliza solamente el 10% de su capacidad mental, y se define tanto por sus creencias que se apega a ellas y se vuelve esclavo de sus ideas, opiniones (incluyendo la opinión de uno mismo), y conceptos. Entonces es como un niño de 10 años mal educado. Y vive a través de este condicionamiento, de estas limitaciones.

La mente no educada busca la facilidad (y terminamos mirando la tele 12 horas al día y comiendo *snacks*). La mente es una herramienta con la que contamos, y puede ser educada. En yoga se dice que la mente está compuesta por cuatro partes distintas:

- ❁ La mente que por naturaleza piensa y duda es inestable.

- ❁ El subsconsciente, que tiene todo el conocimiento pasado, tiene los instintos, las emociones y los condicionamientos.

- ❁ La mente que decide, el intelecto que discierne, es la parte que no tienen los animales.

- ❁ El ego, la idea de uno mismo.

Lo que debemos hacer es controlar y educar a la mente inestable, y aumentar el discernimiento. Ahí utilizaremos la mente como una herramienta y en lugar de ser utilizado por la mente, porque la mente que duda está directamente conectada con las emociones, sentidos, instintos, entonces es completamente inestable, llevándonos hacia muchos desequilibrios. La historia humana muestra claramente el nivel de desequilibrio mental que tienen los humanos (guerras, genocidios, violencia, injusticia, egocentrismos, persecuciones, paranoias, y mucho más).

La mente tiene cinco modos de operar: los dos más problemáticos son la agitación y dispersión mental, los otros tres modos son juntar las ondas mentales, lograr la concentración, y la anihilación de la misma (estos dos últimos resultan de la concentración). Y solamente los últimos tres modos traen el bienestar.

Las impurezas mentales, como el ego, los problemas, el odio, la envidia, los celos, la lujuria, así como la agitación y dispersión mental, son los que hacen una vida miserable. Purificar la mente, bajar el ego y controlar la mente nos cambiará la vida, nos traerá armonía y paz.

Todas las problemáticas nerviosas, depresiones, las patologías y desequilibrios psicológicos, son debido al hecho de que la mente es poco controlada y poco desarrollada; puesto que la influyen muchos impulsos que no logra controlar y está funcionando demasiado, sin parar y sin vacaciones, guardando una idea bloqueada, que no la deja fluir. Como un niño maleducado que toma todo el espacio. Un poco de control, un poco de educación y desidentificarnos de la mente evitará estas problemáticas.

6.1 La mente no lo entiende todo

La mente trabaja dentro del tiempo y del espacio. Todo lo que está más allá del tiempo y del espacio es incomprensible para la mente; no puede entender el infinito, ni el amor, ni a *Dios*, etc. Saber que hay cosas que la mente no puede entender nos ayuda a comprender que la mente no es lo más alto y que la solución no es obligatoriamente mental. No siempre hay que confiar en la mente.

6.2 La mente no siempre tiene la razón

A veces pensamos algo y luego nos damos cuenta que no es verdad. Muchas veces la mente nos está diciendo algo errado. Nosotros nos identificamos con la mente, creyendo que tiene todas las respuestas, pero la solución no pasa siempre por la mente. A través de la mente no se encuentran todas las soluciones. Ella puede hacer muchas cosas, pero es poco desarrollada, tiene preferencias y vicios, y hay que educarla para que se desarrolle.

Recordar que la mente es capaz de justificar y encontrar tantas razones para una opinión, como para su contra. No debemos confiar ciegamente en ella.

6.3 La mente imagina algo y piensa que es realidad

Eso lo hace siempre, muchas insatisfacciones vienen de aquí, de imaginar algo y creer que es realidad. Luego cuando el presente que nos toca es distinto y nos sentimos insatisfechos. Imaginamos al otro diferente de como es; queremos que sea y actue como nosotros nos gustaría y como nosotros pensamos que es lógico, pero no es así. Eso nos trae decepción. El otro es como es y debemos aceptarlo. Pensamos que tenemos el mejor amigo, pareja, trabajo, país, etc., es solo imaginación.

Nunca hay que tomar lo imaginado por lo real; una cosa es lo que la mente imagina, otra cosa es lo que sucede en la realidad. Siempre debemos recordar que lo que nos toca en el presente es la realidad, y lo imaginado sirve solamente como objetivo y dirección. Podemos así prevenir muchas decepciones e insatisfacciones.[1]

6.4 Recordar que los pensamientos y emociones son reales

Entender que los pensamientos y emociones son reales, al igual que las palabras y las acciones. Llenamos nuestro mundo con la emisión de pensamientos y emociones. No porque los científicos nunca hayan encontrado un pensamiento o una emoción que no existan, nosotros sabemos que son reales, estamos muy afectados por ellos. Imaginemos que todo lo que pensamos no desaparece, está a un nivel astral que no vemos con los sentidos pero está ahí, existe; entonces llenamos nuestra casa, nuestro mundo y relaciones con pensamientos. ¿Qué queremos poner en el mundo? ¿Qué sembramos en nuestros lugares? Si nuestros pensamientos están siempre negativos, con problemas, preocupación, miedo, será lo que estará siempre a nuestro alrededor. Imaginemos que son nubes que están ahí flotando en el aire alrededor de uno, y atraídas por la ley de afinidad con ellas que corresponden a la misma vibración de nuestro ánimo.

Pongamos cuidado con lo que sembramos en nuestro mundo y entorno psíquico.

6.5 La concentración

Para controlar a la mente la concentración es muy importante. Las cosas más grandes hechas por el hombre siempre fueron hechas cuando el hombre estaba concentrado, enfocando sus facultades mentales en ello. Es importante la facultad de concentrarse. Uno desarrolla esta facultad y tendrá el poder de hacer lo que quiera. La práctica de la concentración no significa que haya solo un pensamiento.

- ✿ Nos podemos concentrar en un tema y poner toda la atención posible en este tema, idea, situación o imagen,

---

[1] Se recomienda leer el capítulo 3.9 sobre expectativas mentales.

sin nunca salir de ello. Cada vez que nos damos cuenta que nos desviamos del tema, pensando en otra cosa, regresamos simplemente y gentilmente en alguna de las partes del tema.

❀ También es una excelente práctica concentrarse a cada cosa que vamos haciendo en el día.

Esta práctica nos hará hombres de éxito, personas de poder. Recordar que la concentración es un modo mental que nos conduce al bienestar.

6.6 Definir objetivos

Es importante tratar de definir objetivos para no dejar a la mente sin rumbos. La mente va siempre a lo más fácil, ser esclavo de ella es el camino más fácil. Tratar de enfocar la mente, y mantenerla en un sentido, dándole un objetivo. Esa es una de sus capacidades: la mente es buena para definir objetivos, definir lo que nos gustaría a largo plazo y a corto plazo, establecer una imagen con todos los ingredientes que nos corresponde, dentro de nuestras posibilidades. Y tiene la capacidad de organizar todo para lograr eso. Además es importante saber a dónde vamos. Si dejamos trabajar a la mente dentro de un sentido hacia un objetivo que la mente definió, entonces la mente va a ayudarnos a crecer.

6.7 Disciplina y regularidad

Una herramienta muy importante es la disciplina (aunque no le guste mucho a la mente). Es el trabajo de la regularidad, del control de sí mismo. Si observamos a la naturaleza veremos que nos enseña esto permanentemente: el sol todas las mañanas se levanta. Todos los ciclos de la naturaleza se repiten, inalterables, de día, de noche, de las épocas del año, con las frutas, las semillas, todo en la naturaleza es regularidad. Con la regularidad uno aprende y logra todo. La regularidad y la disciplina son la clave para lograr lo que queramos lograr. Con disciplina y regularidad el éxito es solamente una cuestión de tiempo.

6.8 El ego

El ego es la identificación a la definición que tenemos de nosotros mismos. Toma todo el lugar, todos los deseos, todas las preocupaciones y el tiempo (yo, mío, mía…). Nos desconecta de la realidad, del mundo y de lo que tiene para nosotros.

- ✿ Para trabajar el ego, disminuirlo, y reubicarse en el flujo de la vida, se recomienda realizar trabajos desinteresados, hacer algo que no sea para un interés personal, eso desarrolla la humildad. Servir es muy bueno para purificar la mente.

6.9 La mente necesita espacio

La mente necesita espacio para salir del condicionamiento de la emoción y de los instintos. Para pensar bien necesitamos darle espacio. Desde que despertamos la mente está en marcha, no se detiene; para ayudarla debemos darle momentos para ventilarse.

Por ejemplo, si recibís un *mail* que te desestabiliza: no debes responder en el momento, te das un día por lo menos para hacerlo. Darle espacio es parar de pensar en lo que estamos pensando y hacer algo completamente diferente por un momento lo suficiente largo, porque si seguimos pensando en ello vamos a ver el tema con todo lo relacionado a las emociones y la falta de abertura, sin la capacidad de ver la situación completa.

6.10 Práctica de la verdad

La práctica de la verdad elimina la preocupación y los miedos, y ayuda a estabilizar la mente. Es una práctica de vida. La verdad no es solamente no decir mentiras, **es decir lo que uno piensa y hacer lo que uno dice**: que los actos, las palabras y los pensamientos estén en total acuerdo y en armonía. Si uno dice una cosa que no corresponde a sus pensamientos y actos entonces tendrá que poner atención para no ser descubierto, tendrá que decir una cosa para lograr otra, y cuidar de lo que hace. Estas tensiones se acumulan y crean una vida y comportamientos muy complicados y estresados. La práctica de la verdad es integridad, es honestidad. Al practicarla nuestras palabras tendrán la fuerza de nuestros actos y pensamientos, nuestros actos tendrán la fuerza de nuestras palabras y pensamientos, trayendo paz, fuerza y serenidad. La honestidad paga, aunque no tanto en dinero, pero sin duda en consciencia tranquila y paz mental.

6.11 Práctica del presente

Nuestra mente tiene la capacidad de trabajar en el tiempo y en el espacio. Pero de esto abusamos, la mente está todo el tiempo en el pasado o en el futuro, no se queda en el presente, y a su vez nosotros estamos todo el tiempo en la mente (en el ayer y en el mañana). Regresar al presente. Redescubrir el presente con todos los sentidos nos reconecta con la realidad que influencia nuestra vida, con las soluciones para resolver temas, y con la alegría que tenemos derecho de disfrutar aquí y ahora.

Por ejemplo, dos personas están en la misma playa, frente al mismo paisaje: uno lo disfruta, está relajado contemplándolo, mientras que el otro está sobrellevado por todos sus problemas laborales y familiares, pensando en el suicidio. No es que no debemos reflexionar sobre nuestras problemáticas para encontrar soluciones. Pero en este ejemplo la realidad que ambos viven es que están en la playa.

- ✿ Para practicar y regresar al presente podemos ponernos en el lugar de un animal que entra en un sitio por primera vez: va a abrir todos sus sentidos tratando de ver, escuchar, sentir todo, tratando de captar el máximo de información posible. Hacer lo mismo tratando de percibir con todos nuestros sentidos, el máximo de información del entorno a donde nos encontramos aquí y ahora, así podremos darnos cuenta cuando el cuerpo tiene hambre, cuando necesita descanso, que es de noche y hay que regresar, que mucho sol quema, etc.

6.12 Práctica de la austeridad

Esta práctica elimina la esclavitud mental de los condicionamientos. Si un pensamiento se reproduce regularmente, y estamos apegados a él, se vuelve un condicionamiento. Existen muchos condicionamientos mentales que nos esclavizan, nos limitan, nos congestionan, limitándonos en tiempo y espacio. Estos condicionamientos limitan las posibilidades y potencialidades (contrario de la expansión y abertura que buscamos). Cuando tenemos muchos condicionamientos nos convertimos en esclavos (condicionamientos social, religioso, cultural, político, nacional). Por esto es tan importante desacondicionarse, regresar a su libertad e independencia.

- ❀ La práctica de la austeridad consiste en primer lugar en darse cuenta de nuestros condicionamientos y hacer lo contrario por un momento.

Por ejemplo, si estamos tan apegados al café después del almuerzo, que cuando no lo tenemos nos inquietamos, entonces voluntariamente hay que dejar el café por una semana para desacondicionarnos. Otras austeridades son practicar el silencio, el ayuno, ir a pie o bicicleta en vez de auto o bus, dejar de poner sal o azúcar, dejar de tomar refrescos o cerveza por un tiempo. De esta forma educaremos a la mente tal como se educa a un niño.

6.13 Práctica del contentamiento

Sujetamos nuestra felicidad a cumplir deseos a futuro; pero la realidad es que vivimos siempre en el presente y nunca en el futuro.

SI UNO QUIERE SER FELIZ, LA ÚNICA MANERA ES ENCONTRAR SU FELICIDAD EN EL PRESENTE, NO EN EL FUTURO

Y el presente es siempre imperfecto, está sujeto a la dualidad y a las limitaciones mentales. Encontrar la felicidad en nuestro presente imperfecto se llama contentamiento. No es difícil. Siempre existen suficientes razones para estar contentos con lo que nos toca en el presente, valorar el presente, permitirnos disfrutarlo. Olvidar todas las condiciones que ponemos a la felicidad proyectadas sobre el futuro, y traer nuestra atención en el presente, que es el único campo de poder. El pasado o el futuro no tienen vida, existen solamente en el plano mental. Solamente el presente tiene vida, podemos sentirlo, vivirlo y disfrutarlo.

6.14 Actuar según las necesidades y no los deseos

Entender que los deseos nunca se acaban y son la principal causa de la agitación mental. Uno puede ser muy rico o muy pobre y nunca estar satisfecho. Por eso es muy importante tratar de actuar según las necesidades y no los deseos. Es una regla de vida. Eso tranquiliza nuestra mente.

El deseo es la memoria del placer y el miedo es la memoria del sufrimiento. Los dos agitan la mente. Tanto el deseo como el miedo son lo que más la afectan. Es necesario controlarlos para poder controlar la mente. También, para esto, es importante entender que existe una diferencia entre lo que queremos y lo que necesitamos. Actuar según el deber y las necesidades, y no los deseos.[2]

6.15 Escuchar más, hablar menos

Tenemos dos orejas y una boca, y la naturaleza es muy sabia. Se gasta mucha energía en hablar, diciendo cosas innecesarias. Parte de la agitación mental es construir un dialogo que queremos exteriorizar. Al hablar menos, escuchamos y sentimos más, nos ayuda a tomar consciencia. El poder de las palabras es muy fuerte, es importante usarlas con consciencia y cuidado, escuchar más y hablar menos. Una buena práctica que ayuda a lograr esto es la práctica del silencio.

---

[2] Se recomienda leer el capítulo 16.7.

6.16 Práctica del silencio

La boca es el sentido más difícil de controlar. Hay 10 sentidos en el yoga, 5 sentidos cognitivos con el que el mundo viene hacia nosotros, y 5 sentidos de acción. Uno de esos sentidos es hablar y comer (cognitivo y de acción). La práctica del silencio y del ayuno son para controlar la lengua.

Esta práctica no es encerrarse en el cuarto, es no hablar nada cuando hay otras personas, cuando normalmente con esta gente dialogaríamos. Sin interactuar vemos todos los pensamientos que diríamos normalmente, entonces nos damos cuenta a qué nivel interactuamos. Nos damos cuenta en dónde está nuestra mente, con qué la entretenemos. Se recomienda realizar esta práctica un par de horas, medio día, o un día entero a la semana.

6.17 Práctica de la paciencia

Con esta práctica los obstáculos se vuelven aprendizaje. Este mundo manifestado está regido por la ley del *karma* y de la dualidad; nunca todo es rosado, todo lo bueno viene con lo malo, el día con la noche, el placer con el sufrimiento. Nunca estará todo perfecto, siempre vamos a tener obstáculos. Entender que no se puede eliminar lo que no nos gusta y estar solo con lo que nos gusta, uno viene con lo otro, la normalidad incluye ambos. Aprender a sobrellevar, enfrentar y superar los obstáculos es la clave, y lleva tiempo. Pero la mente trabaja rápido y quiere resultados ya. Se necesita tiempo para incorporar nuevos hábitos, aprender a cambiar, y cambiar de ciclos. ¡Paciencia y perseverancia!, y todo vendrá.

6.18 Moderación, la ley del medio

Los excesos de un lado o del otro crean tensiones, nos alejan del camino del medio donde podemos lograr el equilibrio. Nos desequilibra la mente y nos desestabiliza.

Por ejemplo con la comida: si comemos mucho nos sentimos mal, si comemos poco no tenemos fuerza.

La ley del medio es una ley natural. Es importante tratar de moderarse con todo, en el sueño, en el habla, en el ejercicio, en el trabajo, en la comida, etc. Nos ayudará a tranquilizar la mente.

6.19 Alimentación de la mente

Tratar de alimentar la mente con "comida", ideas, conceptos e informaciones que elevan, y no que agitan. Tenemos cinco sentidos cognitivos que utilizamos para hacer entrar al mundo en nosotros, lo que leemos, lo que vemos, lo que olemos, lo que tocamos, y lo que escuchamos. A través de estas vías entran muchas cosas a nuestra mente, algunas van a producir una mente agitada, otras nos tranquilizarán. Hoy por hoy leer los diarios, mirar los noticieros, nos trae preocupaciones. Tratar de evitarlos.

TENER CUIDADO EN LO QUE PONEMOS DENTRO DE LA MENTE: ELEGIR QUÉ LIBROS LEEMOS, QUÉ PELÍCULAS VEMOS, QUÉ CONVERSACIONES TENEMOS; EN DÓNDE PONEMOS NUESTRA ATENCIÓN

Hay muchas cosas que son lindas, que traen placer, abertura, expansión, elevación.
    También la parte energética de la comida va a traer su cualidad de: agitación, pesadez o liviandad a la mente[3].

6.20 *Bigger picture*

Ver las situaciones desde un ángulo más amplio nos ayuda a relativizar las problemáticas en las que se encierra la mente.
    Es la práctica de ponerse arriba de una montaña y ver el mundo de los hombres desde muy lejos, observarlos como hormiguitas haciendo cosas y moviéndose. Desde esta óptica todos los problemas se minimizan (no son toda nuestra realidad). Puede hacerse con visualización: uno se relaja, imagina que se va arriba de la montaña y ve al mundo de esta forma. Eso nos hace ver los

---

[3] Las cualidades energéticas de la comida se tratan en el capítulo 9: La alimentación.

problemas mucho más chiquitos. Otra forma de hacerlo es hacerlo con el tiempo: en vez de mirar la situación de esta semana mirar los últimos 10 años de nuestra vida, esos problemas de hoy son pequeñeces en comparación a todo lo que nos sucedió estos últimos 10 años. Sino hacerlo sobre 50 años, o sobre 100 años, o sobre 1.000 años. Todo problema mental del hoy se minimiza.

6.21 Ver el lado positivo

La vida es neutra, la connotación positiva o negativa nace a partir de nosotros. Entonces elegir conscientemente el ángulo de visión, elegir el que nos hace bien, siempre hay un lado positivo.[4]

6.22 Repetición de mantra

La repetición de *mantras* y la respiración rítmica son ejercicios para controlar la mente. Son como juguetes que entretienen mucho a la mente y nos permiten estar tranquilos. Elegir un *mantra* y repetirlo (que sea significativo para uno).

Un *mantra* es una palabra o frase sagrada, corta, que nos conecta con el plano divino, con lo más alto; puede ser un nombre de Dios, o una palabra universal, un rezo a la naturaleza, etc. Si no encuentra uno que le atraiga en su cultura o religión puede utilizar el *mantra* universal, *om*, que representa el absoluto. Repetirlo todo el tiempo, ajustándolo sobre la respiración.

6.23 Respiración rítmica[5]

6.24 Cantar

Cantar, individualmente o con un grupo, con amor, con alegría, y dedicarle suficiente tiempo (mínimo media hora). Cantar hace

---

[4] Explicado con más detalle en el capítulo 2.2 de energía vital.
[5] La respiración rítmica se encuentra explicada en el capítulo 2.4.

que las emociones, preocupaciones, y pensamientos se diluyan. ¡Aprovecharlo!

6.25 Meditación

La meditación es el resultado de la práctica de la concentración. Nos muestra claramente lo que tenemos adentro de la mente, cuales son los temas con los que nos entretenemos, y cuáles son nuestras tendencias psicológicas. Nos ayuda a desidentificarnos de estas tendencias y tener un mayor poder de control sobre la mente, nos abre al alma, al espíritu, desarrolla el discernimiento y la intuición, trae paz, serenidad y plenitud.

6.26 Respiración

Los ejercicios de *pranayama* serenan la mente. La respiración está entre el cuerpo físico y la mente. La mente está totalmente ligada con la respiración, la serenidad mental se puede lograr trabajando desde la respiración.

- Se recomienda realizar la **respiración abdominal** (más en capítulo 3.14) y *Anuloma-Viloma* (capítulo 2.4), regularmente ambas.

- También se puede realizar *Brahmari*: se aspira profundamente y cuando se expira uno hace el sonido de una abeja. Conectándose con la vibración del sonido dentro de la cabeza. Relaja la mente.

6.27 Abertura mental

Las ideas, las opiniones y las creencias se van fijando, solidificando más y más. Nos encarcelan y nos impiden ver una situación tal como es. Nos impide aprender de otras cosas. Nos limita las perspectivas y posibilidades. Quedarse abierto es poner momentáneamente nuestro "conocimiento establecido" de lado, para escuchar algo diferente, algo nuevo, otro punto de vista. Saber escuchar, estar atento a una situación o enseñanza sin enseguida interrumpir para mostrar la opinión, idea o crítica que normalmente tenemos acerca de este tema, permite a la mente expandirse, al cerebro crear más conexiones, permite vivir en un espacio más grande.

6.28 Aceites esenciales

Los aceites esenciales afectan los estados mentales. Menta para la claridad, mandarina y sándalo para calmar la mente y los pensamientos negativos.

6.29 Ojos

Se puede trabajar los ejercicios de ojos a tres niveles diferentes: el nivel físico de los músculos, de la óptica y energético. El nervio óptico cruza el cerebro; si la vista está cansada la manera de pensar estará afectada. La vista se cansa con mucha luz eléctrica, con la pantalla de la televisión y computadora, por leer mucho, conducir mucho, por el uso de lentes, entre otros. Esto va a afectar la vista, va a afectar el nervio, y va a afectar la mente.

Ejercicios para los músculos de los ojos:

- ✿ Sin mover la cabeza mirar lo más arriba posible viendo las propias cejas, quedarse así 3 segundos, y luego lo más abajo posible, viendo las mejillas, 3 segundos. 2 o 3 veces.

- ✿ Luego hacerlo derecha e izquierda.

- ✿ Luego en diagonal, arriba a la derecha, abajo a la izquierda, después arriba a la izquierda, abajo a la derecha. Movimientos que ayudarán a estirar y sacar las toxinas de los músculos.

- Luego dar la vuelta con los ojos, lentamente y que hagan toda la circunferencia, tratando que sea redondo y regular, al máximo de la capacidad, de ambos sentidos.

- Luego se puede descansar los ojos parpadeando mucho.

Ejercicios de adaptación de la vista:

- Brazo estirado frente a uno, pulgar levantado, mirar el pulgar y acercar la mano hasta tocarse la nariz, luego alejarse, e intentar fijar la vista en el pulgar. Varias veces así.

- Mientras leemos, alejar y acercar un libro, al límite del foco.

- También, mientras leemos un libro, desplazarlo de lado.

- Poner el pulgar al frente, brazo semi-estirado, enfocar al pulgar y luego enfocar en lo que hay detrás del pulgar, en el fondo. Repetir varias veces.

Ejercicios a nivel energético de la vista:

- Tomar una bombilla de 100w, taparse los ojos, luego mirar la luz un segundo y cerrar por diez segundos, unas 3 veces.

- Se puede hacer con el sol también. Mirar al sol de frente con los ojos **cerrados**, tomar un baño de sol a través de los párpados. Luego darse vuelta, y tocar suavemente los párpados cerrados: van a aparecer todos los colores, jugar con ellos.

- Calentar las palmas de las manos frotando una contra la otra, cuando están bien caliente se ponen sobre los ojos, formando cuevas con las palmas para no tocar los ojos, cruzando los dedos al nivel de la frente, totalmente sellada. Se abren los ojos en la oscuridad dejando entrar calor a los ojos, repetir 2 o 3 veces.

6.30 Agua

Tomar agua es fundamental. La mente trabaja a nivel astral (energético). Para lograr trabajar al nivel de la palabra, para bajar de lo sutil a lo más grueso se necesita agua, nos ayuda a traer la información. Sin agua no hay flujo, no hay paso. Muchísimos problemas pueden surgir si no se toma suficiente agua.

Se recomienda que sea poco mineralizada. Agua mineral leve, menos de 200 miligramos de residuo seco.

6.31 Equilibrar los hemisferios

Tenemos dos hemisferios cerebrales, el izquierdo representa la parte científica y lógica, la parte derecha representa la parte más global y artística, son dos aspectos de la vida. Tenemos una tendencia natural a acentuar uno, a trabajar mucho desde el hemisferio al cual nos sentimos afines y descuidar el otro hemisferio. Equilibrarlos nos permite tener más claridad, ver dos aspectos de cada situación y trabajar con los dos hemisferios simultáneamente. El hemisferio izquierdo controla la parte derecha del cuerpo, el hemisferio derecho la parte izquierda del cuerpo.

- Colorear *mandalas*, lentamente y progresivamente, con consciencia y dedicación, hasta lograr un resultado que nos satisfaga. Hacerlo por parte, 5 a 10 minutos diaros

- *Crosscrowl*: parado, tocar la rodilla izquierda levantada con la mano derecha, y a continuación la rodilla derecha con la mano izquierda. Cambiar, adoptando un ritmo sostenido. Haciendo esto trabajamos la relación horizontal de los hemisferios.

- Mientras se hacen el *crosscrowl* activar la parte derecha cantando sin nunca repetir, inventando. Luego activar la parte izquierda cantando múltiplos de números, por ejemplo 3, 6, 9, 12, etc.

6.32 Yoga y relajación

La relajación y el yoga son muy buenos para la mente, son procesos que nos van a traer paz mental. El yoga en sí elimina la excitación y el letargo, dejando paz y liviandad. La relajación se aprovecha más cuando es guiada (puede ser por un profesor o un CD), también se puede hacer la auto-relajación.[6]

6.33 Deportes, trabajos físicos y actividades en la naturaleza

Hacer deportes, trabajos físicos y actividades en la naturaleza ocupa la mente y no la deja pensar en cosas negativas, nos abre a estímulos positivos. Por lo contrario, la inactividad deja mucho tiempo para que la mente se quede en pequeños temas personales y limitados, y los transforma en problemáticas, también transforma obstáculos en problemas.

6.34 Cambios

Los viajes, los cambios, las salidas a la naturaleza, actividades nuevas, cambiar de ropa, cambiar de rutina, cambiar el itinerario para ir a trabajar, cambiar de lugar de salida, son cambios que nos ayudan. La mente es apegada, tiende a "oxidarse": algo nuevo nos genera sensaciones nuevas, ideas nuevas, conceptos nuevos.

6.35 Autosugestión

La autosugestión es una forma de usar la mente para mejorar nuestra vida. Hay ideas constructivas, positivas que hemos olvidado, porque hacemos lo contrario, juntamos ideas restrictivas, limitativas, autorizamos el mecanismo patológico. Se puede trabajar lo contrario.

Por ejemplo, "hoy seré más paciente". Si repetimos esta frase a la mañana y a la noche vamos a estar autosugestionándonos

---

[6] Véase el capítulo 8.3.

positivamente. Repetirla siempre que la recordemos, podemos escribirla y tenerla a mano. Podemos trabajar cada virtud de esta forma, erradicando las problemáticas. Una autosugestión simple y eficaz es "por la gracia divina estoy mejor cada día, en todos los sentidos".

6.36 No pensar demasiado en el pasado

La nostalgia o la melancolía por el pasado nos puede enjaular. Sirve ir al pasado para aprender de las experiencias, ver las lecciones. Pero solo para eso. Ir al pasado por nostalgia, melancolía, añoranza, no nos permite vivir bien el presente, estimula la mente en el plano de la imaginación y las emociones. El pasado no existe más, el presente es nuestra realidad.

6.37 Trabajar el desapego

El apego genera deseos muy fuertes. Trabajar el desapego es muy importante para la salud mental. Cuando estamos demasiado apegados a algo la mente piensa en eso continuamente, no nos permite actuar en libertad, obstruye el flujo de vida en nosotros y crea obsesiones. Desapegarse es ganar libertad.

6.38 Expandir los pensamientos reflejos

Cada objeto, palabra e idea trae a la mente un pensamiento correspondiente a este tema, una idea, una memoria o una opinión ya establecida desde hace mucho tiempo. Entonces nuestro mecanismo de respuesta nace a partir de aquí. Cada vez que alguien nos habla sobre algún tema vamos a responder con el pensamiento correspondiente preestablecido. Muchas veces queremos decir esa idea, transmitir ese pensamiento correspondiente, aunque no sea necesario. Para no encerrarse en este comportamiento de respuesta automática es recomendable, por un lado tratar de resistir a la impulsividad de repetir siempre lo mismo acerca de ese tema (ver también la práctica del silencio), por el otro lado podemos tratar de ampliar nuestras respuestas acerca de esa palabra o idea, buscando otros recuerdos, otras sensaciones, y nuevas ideas.

Capítulo 7
LAS DUDAS

7.1 No descuidar las dudas
7.2 Expresarlas correctamente, ponerlas en palabras
7.3 Incluir a los demás
7.4 Escuchar la respuesta en el corazón
7.5 Lista de puntos positivos y negativos
7.6 "Entregarse al 99% o a Dios"
7.7 Abrir las puertas y dejar que se cierren solas
7.8 Que el motivo de búsqueda sea más fuerte que el de huída
7.9 No arrepentirse
7.10 Errar es humano

※

Las dudas son esencialmente positivas porque nos conducen desde una situación a donde hay faltas hacia una situación de más conocimiento o de más plenitud cuando las resolvemos. Nos hace crecer el resolverlas. Pero las dudas son negativas si no las resolvemos porque nos hacen perder energías y mantienen una agitación, una inestabilidad.

※

7.1 No descuidar las dudas

No descuidar las dudas. Esto quiere decir que debemos enfrentarlas, aclararlas, encajarlas, ocuparnos de ellas, y no dejarlas sueltas. Todas las dudas que demoran en el tiempo son negativas, lo positivo es resolverlas. No debemos dejarlas sueltas.

- ❈ Para ayudar a esto una herramienta es **poner un ultimátum**, un límite. Algunas dudas pueden tener ultimátum de un día y otras de un tiempo mayor, depende de su importancia.

- ❈ También podemos hacer una **lista de dudas para resolver**, como una lista de supermercado e ir tachando las dudas a medida que las resolvemos.

7.2 Expresarlas correctamente, ponerlas en palabras

La primera acción a tomar frente a una duda es tratar de expresarla y ponerla en palabras, en una pregunta. Hacer el trabajo de reducir esta duda que es energía psíquica inestable y confusa en palabras adentro de una pregunta concreta, que sea el resumen exacto. Al ponerla en palabras puede haber mucha diferencia entre lo que escribimos y lo que pensábamos inicialmente; muchas veces puede traer una forma de respuesta. Hacer el trabajo de plasmarla, reducirla, sintetizarla y expresarla, ponerla en las palabras exactas nos trae mucha información, porque vemos la energía detrás de esta confusión (con qué temas se relaciona). Muchas veces tocan temas en los cuales no habíamos pensado y terminan siendo esos temas los más profundos que necesitamos aclarar en ese momento de nuestra vida.

7.3 Incluir a los demás

Si no las resolvimos al expresarla en una pregunta, una posibilidad de profundizar es incluir a los demás en nuestra pregunta. Por ejemplo "¿es bueno para mí y los demás hacer este viaje ahora?" Al hacer esto implicamos a los otros que nos rodean, sus energías, sus vidas, sus almas. Las posibilidades de tener respuesta son mayores ahora que implica a todos los otros. Es también bueno para tomar consciencia de que son más las personas implicadas en cada decisión y acción que tomemos.

7.4 Escuchar la respuesta en el corazón

Cuando hacemos una pregunta, resumiendo una duda, la buena respuesta no va a venir desde la mente, sino del corazón. La respuesta no está en lo que pensamos, está en lo que sentimos. Es la intuición quien nos dará la respuesta. Esta respuesta viene desde la parte donde están todas las respuestas; más allá del ego hay un lugar en donde están todas las respuestas, buscar la respuesta a nuestra duda ahí, a partir de la sensación del corazón, de la intuición. Aunque la mente nos quiere convencer que su respuesta es la mejor por muchas razones "lógicas".

SENTIR QUE ES LO CORRECTO, LO JUSTO, LO ADECUADO, LO BUENO

7.5 Lista de puntos positivos y negativos

Si los pasos anteriores no son suficientes aún para resolver nuestras dudas, podemos hacer la lista de los puntos positivos y negativos de cada posible respuesta. Lo importante al hacer la lista no es lo que escribimos, sino cómo hacemos cada columna.

Si ponemos un espejo enfrente nos daremos cuenta que hay una columna que hacemos preocupados y otra que la hacemos expresando más felicidad. O hay un lado en el que queremos poner mucho, hacemos una lista muy larga, poniéndole más atención y dedicación: eso nos está diciendo que esa es la respuesta que más necesitamos, la respuesta del corazón que siente la solución.

7.6 "Entregarse al 99% o a Dios"

Si todo lo realizado anteriormente no es suficiente, uno puede entregarle todo este tema al "99%" o a Dios[1], diciéndole que no podemos solucionar esa duda, pidiendo ayuda. Luego tomarse una noche, un día, un fin de semana, lo que sea necesario, para pensar en otra cosa, eliminar completamente el tema de nuestra cabeza. Nos despejamos por este tiempo que decidimos tomarnos, y recién cuando volvemos rehacemos todos los pasos anteriores: probablemente va a haber muchos cambios y una posible respuesta.

- ✿ Otra posibilidad es pedir por un mensaje y quedarse atento. Si hay un mensaje, una respuesta, va a ser clara. No buscar interpretaciones, porque ahí será nuestra mente la que responderá. Si hay un mensaje aparecerá en forma clara.

- ✿ Otra posibilidad es abrir al azar una página de algún libro sagrado, después de haberse concentrado en la pregunta, leerlo y ver que nos dice, asociarlo a nuestra pregunta y encontrar ahí nuestra respuesta o algún mensaje.

7.7 Abrir las puertas y dejar que se cierren solas

Hay muchas decisiones que pueden solucionarse sin que intervengamos en forma activa. Muchas veces solemos manejar, manipular, resolver, actuar mucho y rápidamente, pero la vida que fluye siempre nos da información que no vemos por no escucharla, por no esperar, por ser impacientes. Entonces al abrir las puertas de las distintas opciones que tenemos, se van a cerrar solas. La solución se va a aclarar poco a poco, a medida que las posibilidades que no son la respuesta se vayan cerrando.

---

[1] Véase el capítulo 20.4.

7.8 Que el motivo de búsqueda sea más fuerte que el de huída

Frente a cada decisión que tomamos, cada acción que hagamos, es importante ver el motivo. Hay siempre dos motivos implícitos, uno de huída (miramos hacia atrás) y uno de búsqueda (miramos hacia adelante). Tratar siempre que el motivo de búsqueda sea mayor al motivo de huida en la resolución que tomemos. Es una ley, así iremos en el sentido de la vida que nos ayudará a crecer. De lo contrario (motivación de huída superior a motivación de búsqueda) iremos en contra de lo que quiere la vida para nosotros.

7.9 No arrepentirse

No arrepentirse. Si no pasó como lo deseábamos, es que no era una posibilidad en nuestro camino. No dejar a la mente extrapolar con otras posibilidades que "hubiesen podido ser", porque son irreales y no hacen bien. Olvidarlo y seguir. Decirnos "Aunque no entiendo ahora el por qué, es lo mejor para mi, confío en el proceso natural que me dio esta situación, forma parte de mi camino, y lo acepto."

7.10 Errar es humano

Puede haber elecciones que fueron erradas. Si tomamos una decisión luego de una duda y sentimos que nos equivocamos, debemos saber que errar es humano y que sucede por un propósito: aprender algo.

Capítulo 8
EL ESTRÉS Y LA DEPRESIÓN

8.1   Sacudir y descargar
8.2   Respiración abdominal
8.3   Auto-relajación
8.4   Baños para relajar
8.5   Relajar la mente
8.6   Tomar el tiempo para hacer las cosas
8.7   Frenar la inercia y estar presentes en cada situación
8.8   Hacer yoga
8.9   Auto-Sugestión positiva

SI HAY DEPRESIÓN ADEMÁS DEL ESTRÉS AGREGAR
8.10 Más naturaleza
8.11 Reponerse en el plano físico
8.12 Pasar al ciclo activo
8.13 Enraizamiento
8.14 Energía negativa
8.15 Energía vital
8.16 Aceites esenciales
8.17 Puntos corporales (dígito-puntura)

Como se explicó en la introducción del capítulo 3, frente a una agresión existe una manera natural de actuar; nuestro organismo está equipado por un sistema de defensa natural que es pelear o escapar. Lo que sucede a veces es que no podemos pelear ni escapar, y tomamos la agresión. Eso nos altera internamente, afectando al sistema fisiológico (las glándulas del sistema simpático producen todo lo necesario para pelear: aumenta la adrenalina en la sangre, se hinchan las arterias y se junta la azúcar necesaria para poder pelear o escapar), nuestro cuerpo se prepara para pelear o escapar y no hacemos ninguna de estas dos acciones. Cuando se repite este proceso regularmente se acumulan las respuestas hormonales y se altera nuestro sistema nervioso, así nace el estrés. Por otra parte, todas las emociones que no son reconocidas se quedan adentro y aumentan la ansiedad, así también con las energías negativas que nos alterarán si nuestro recipiente no es vaciado. El resultado es que estamos alterados físicamente y energéticamente, y todo esto repercute en nuestro sistema nervioso. Si continúa este patrón sin tratarse se va generando el efecto bola de nieve, agravándose poco a poco, volviéndonos presos del estrés.

8.1 Sacudir y descargar

Las herramientas están descritas en los capítulos 3.11 y 3.12.

8.2 Respiración abdominal

Se recomienda realizar la respiración abdominal después de sacudir y descargar. También realizarla por 5 minutos todas las mañanas y todas las noches. Fundamentalmente en los momentos de estrés específicos hacer esta respiración, nos ayuda a tranquilizarnos en los momentos críticos.[1]

La respiración abdominal desbloquea las emociones, relajando el diafragma, y reubica la respiración en el abdomen, en el lugar del pecho en donde está limitada e influenciada por las emociones. Es importante hacerla lo más lento y profundo posible, pero que sea cómoda.

8.3 Auto-relajación

Es muy importante relajar el sistema nervioso porque no se regenera y es el primer afectado cuando hay estrés. La forma para que el sistema nervioso descanse es con relajación profunda y sueño profundo. Si el sueño es agitado el sistema nervioso no se va a relajar.

Para lograr un buen sueño realizar todos los hábitos de la noche y del sueño.[2]

- ❁ **Auto-relajación:** acostarse en el suelo, en un cuarto oscuro y silencioso, sobre algo duro. Primero, uno se estira y bosteza por un minuto o dos. Segundo, realizar un minuto o dos de respiración profunda, prestando atención en relajar, en cada expiración, una parte del cuerpo; la cabeza, la man-

---

[1] La explicación de cómo realizar la respiración abdominal se encuentra detallada en el capítulo 3.14.
[2] Véase capítulos 5 y 6.

díbula, los hombros, los brazos, el abdomen, el pecho, las piernas. Tercero, se pasa a la respiración natural, sin sonido, sin intentar hacerla, sin poner esfuerzo, sin controlarla ni frenarla, dejándola vivir, que sea natural, y uno se sigue relajando con esta respiración suave, corta, silenciosa, tratando de sentir el peso del cuerpo tocar el suelo.

Cuando hay estrés, es necesario realizar esta auto-relajación todos los días, nos va a cortar el efecto bola de nieve poco a poco.

8.4 Baños para relajar

Baño completo, caliente, con aceite de lavanda. O Baño de pie, caliente, con salvado y hojas de nogal. Lo ideal es hacer estos baños después de sacudir, descargar y respirar.

8.5 Relajar la mente

- ✿ Para relajar la mente nos acostamos sobre algún lugar cómodo, contemplamos y pensamos en cosas grandes, en algo muy lindo, en algo grandioso, en la memoria de algo bello y amplio: el cielo, la naturaleza, ideas inmensas, la acción de Jesús, Buddha, Gandhi o algún santo.

Este ejercicio se recomienda porque es fácil de hacer y porque nuestra alma es inmensa. Existe una búsqueda natural de expansión, y generalmente nos expandimos en la mente, sin ningún objetivo. Contemplar algo grande, lindo, bello, que sea físico o idea, contemplar algo grandioso nos relaja, nos hace bien, y ocupa la mente con algo positivo.

8.6 Tomar el tiempo para hacer las cosas

Existe una tendencia a apurarse, especialmente cuando estamos ansiosos. Apurarse genera más estrés. Tratar de tomarse el tiempo necesario para hacer las cosas en vez de apurarse y hacer todo a último momento. Si tengo algo para hacer a la 13hs, no voy a cocinar y comer a las 12.30hs. Es importante dedicarle un tiempo a cada cosa. Es posible. Requiere solamente un poco de cuidado y organización.

8.7 Frenar la inercia y estar presentes en cada situación

Es difícil ser completamente presente. Frente a un encuentro con alguien, frente a una situación, frente a un momento importante. Siempre llevamos ideas y movimientos, en cada momento. No paran los pensamientos, desde la mañana hasta la noche. Por eso nunca estamos totalmente disponibles, abiertos, presentes, cuando se presenta una nueva situación.

❧ Para frenar la inercia mental y física que nos impide estar 100% aquí y ahora se aspira profundamente llenando los pulmones, la exhalación se hace naturalmente, sin esforzarla, como un balón que se desinfla y mientras sucede uno relaja los hombros y la mandíbula. Después de la exhalación la respiración se para sola, hay un momento justo en que la respiración se para y no hay ningún esfuerzo para quedarse aquí, se equilibra la presión adentro y afuera del cuerpo. Tratar de quedarse 3 segundos de esa forma No es difícil porque es un momento en que todo se para naturalmente. Hay que buscar y encontrar el momento justo, ver que no haya tensión en el cuerpo y en ese momento "apagamos" el cuerpo, luego ver que no hayan pensamientos, y "apagar" la mente (hacer dos respiraciones así). Enseguida estaremos quietos, completos, disponibles, abiertos, y concentrados. Se recomienda hacer esto antes de cada situación que juzguemos importante, antes de encontrarnos con alguien, antes de comer, antes de una entrevista o antes de un llamado por teléfono por poner ejemplos.

8.8 Hacer yoga

Se recomienda practicar yoga si nuestra vida está estresada, ayuda a relajar la mente y el cuerpo. Para que el yoga tenga un beneficio mental debería incorporar posturas, respiraciones y relajación.

8.9 Auto-Sugestión Positiva

Herramienta detallada en el capítulo 1.4.

SI HAY DEPRESIÓN ADEMÁS DEL ESTRÉS SE DEBE AGREGAR:

8.10 Más naturaleza

Sumergirse en la naturaleza, caminar en el bosque, la montaña, el campo. Sentarse, acostarse en el pasto, debajo de un árbol. La naturaleza nos reubica en el mundo energético, con el entorno natural, reconectándonos con las corrientes de la tierra y del cielo. Nos hace salir del estancamiento mental donde nos identificamos y nos quedamos sufriendo.

8.11 Reponerse en el plano físico

La depresión, como todas las problemáticas psicológicas, se caracteriza por una situación mental negativa, limitada y estancada de donde no logramos salir, no logramos "pasar a otra cosa" o "ver otra cosa". Reubicarse en el cuerpo físico a través de ejercicios, de deportes, o trabajo físico intenso, nos ayuda a salir momentáneamente del plano mental, nos ayuda a ventilarnos, a activar nuestro funcionamiento energético (respiración, eliminación, emoción, etc.) que a su vez ayuda a desbloquear, diluir, disolver, la situación mental estancada.

8.12 Pasar al ciclo activo

Según el yoga existen 3 ciclos alternativos que se encuentran en toda la manifestación, en cada movimiento.

- ❀ El ciclo "negativo" se caracteriza por la pesadez, el letargo, la ignorancia.

- ❀ El ciclo "activo" es la acción, la actividad, el movimiento.

- ❀ El ciclo "positivo" se caracteriza por el equilibrio, la liviandad, la comprensión.

La depresión se caracteriza a menudo por un exceso de letargia (no tenemos ánimo de nada), de incomprensión (no sabemos cómo salirnos de esta situación) y de negatividad (pensamientos y sentimientos negativos). Para poder pasar al ciclo "positivo" es obligatorio pasar por la transición del siclo activo. Por ejemplo, si me siento sin ánimo de nada, tendré que hacer el esfuerzo de ir a correr (o caminar) en la naturaleza –ciclo activo– antes de poder sentirme bien.

El bienestar del ciclo "positivo", la expansión, las soluciones, no pueden venir directamente después de un ciclo "negativo".

HAY QUE HACER EL ESFUERZO DE MOVERNOS PARA SALIR DE LA DEPRESIÓN Y SENTIRNOS MEJOR.

8.13 Enraizamiento

La depresión es un conjunto de dos bloqueos a nivel psicológico, uno siendo siempre las raíces. La raíz y el auto-estima, o la raíz y el amor, o la raíz y la mente. Trabajando las raíces se elimina la parte que permite la depresión. Trabajando el enraizamiento la depresión va a desaparecer y va a pasar a ser un bloqueo psicológico, ya no más una depresión.[3]

8.14 Energía negativa

Para entender por qué el estrés y depresión se encuentra influenciados por la energía negativa se recomienda leer el capítulo 3: Energía negativa.

8.15 Energía vital

Para entender las ventajas de tener consciencia sobre nuestra energía vital se recomienda leer el capítulo 3: Energía vital.

---

[3] Para entender y trabajar el enraizamiento se recomienda leer el capítulo 15: Enraizamiento.

8.16 Aceites esenciales

Se recomienda utilizar aceites esenciales de mandarina, naranja, lavanda y sándalo. Los que nos gustan, no más de tres, en el ambiente, en la ropa, en el baño, etc. Es fácil y eficiente. También existe un remedio específico en las *flores de bach* que se llama *rescue remedy*. Es simple, práctico y eficiente en las problemáticas emocionales y psíquicas.

8.17 Puntos corporales (dígito-puntura)

- ✿ Sobre la palma de cada mano, cuando la cerramos, manteniendo los dedos relajados, hay un punto debajo de la extremidad del dedo meñique, que va a doler. Apretarlo suavemente 30 segundos y soltar. 3 veces.

- ✿ Cuando doblo la palma de la mano, todos los dedos juntos y estirados, se ve una línea en donde se dobla. Sobre esta línea, entre el dedo mayor y el dedo anular hay otro punto que duele. Apretarlo suavemente 30 segundos y soltar. 3 veces.

✿ En el espacio entre el dedo mayor del pie y el segundo dedo, hacia la base del dedo mayor, hay un punto que va a doler mucho. Apretarlo suavemente 30 segundos y soltar. 3 veces.

✿ En ambas rodillas, apoyando las manos sobre ellas, sobre el lado exterior se encuentra un pequeño agujero, con el dedo mayor en el lado exterior de la tibia. Dar golpes con el dedo medio para activarlos durante un minuto.

Capítulo 9
LA ALIMENTACIÓN

9.1   Toma de consciencia o hacer un rezo antes de comer
9.2   Frenar la inercia con la que llegamos antes de comer
9.3   Que la comida sea regular
9.4   Dentro de lo posible cocinarse uno mismo lo que come
9.5   No comer si no hay hambre, y saber detenerse
9.6   No hacer otras cosas durante la comida
9.7   Apreciar lo que vamos a comer antes de comerlo
9.8   Comer lo sólido como líquido y lo líquido como sólido
9.9   Tratar de comer las comidas más frescas posibles
9.10 Que la mitad de lo que comemos sea frutas y verduras
9.11 Balancear lo que comemos con lo que gastamos
9.12 No tomar durante las comidas (y si se toma tratar de que no sea frío)
9.13 No levantarse enseguida al terminar de comer
9.14 Caminata post-comida
9.15 No comer: cosas que no sean frescas, comida artificial, enlatados
9.16 No comer animales
9.17 No alcohol, no cigarros
9.18 Evitar alimentos blanqueados
9.19 Menos grasas animales y azúcares
9.20 Evitar alimentos picantes
9.21 Evitar alimentos fermentados
9.22 Limitar las mezclas
9.23 La ley del medio
9.24 Comer legumbres y cereales (las proteínas naturales)
9.25 Proporción ideal

9.26　**Desayuno**
9.27　**Cena**
9.28　**Ir al baño todos los días**
9.29　**Categorías energéticas de la comida**
9.30　**Equilibrio ácido-básico**

༺༻

Comemos por lo menos 3 veces al día todos los días, ponemos alimentos dentro de nuestro cuerpo, y estos alimentos se transforman en nuestro cuerpo, influenciando también nuestra mente. Entonces es importante ser consciente de cómo nos alimentamos.

Como somos hijos de la naturaleza y comemos a partir de la naturaleza, podemos decir que alimentarnos es algo sagrado. El primer objetivo de la comida es sostener la vida, lo que no impide que sea rica y que la podamos disfrutar. No vivimos para comer, comemos para vivir.

༺༻

9.1 Toma de consciencia o hacer un rezo antes de comer

Es fundamental tomar consciencia de que lo que tenemos en el plato, es la materia prima, que gracias a la regeneración celular nos va a construir un nuevo brazo, una nueva nariz, una nueva piel, un nuevo hígado. Regeneramos todas las células del cuerpo (excepto las células nerviosas), y este proceso se hace con lo que tenemos en el plato. Entonces miremos lo que tenemos en el plato, miremos si lo que vamos a comer es adecuado para hacer un nuevo corazón, un nuevo brazo, etc. Discriminar. Detenerse y mirar si la comida es una comida con suficientes cualidades para esto.

Para quienes creen, tienen fe, se puede bendecir la comida, rezar por ella. Para quienes no creen por lo menos tomar consciencia de la función que la comida tiene en nuestra vida, darnos unos pocos segundos antes de comer para recordarlo.

9.2 Frenar la inercia con la que venimos antes de comer

Se recomienda realizar una respiración que frene la inercia con la que venimos.[4] Frenar el flujo de todas las ideas, emociones, pensamientos, actividades y comunicación. Parar un momento, respirar, relajar, concentrarnos en lo que vamos a hacer. Nos ayudará para estar presente y consciente durante la comida.

9.3 Que la comida sea regular

Tratar de tener cierto horario para cada comida, aunque sea flexible. El cuerpo y la mente se preparan para este momento importante.

9.4 Dentro de lo posible cocinarse uno mismo lo que come

Si se puede prepararse uno mismo la comida, es ideal. Comida cocinada con amor es la mejor comida (si la abuela te quiere y

---

[4] Esta respiración se explica en el capítulo del 8.7.

cocina para ti puedes comerlo aunque tenga ingredientes poco saludables). El amor se siente en la comida. Tratar de cocinarnos y estar felices cuando lo hacemos, cocinar con atención y dedicación. Es el ritual de preparar nuestro alimento, nuestra ofrenda para que el cuerpo lo digiera y nos mantenga bien, con salud. Repetir *mantras*, palabras o cantos sagrados mientras se cocina.

9.5 No comer si no hay hambre, y saber detenerse

Uno de los principales motivos de las enfermedades es comer demasiado. No es porque existe un horario fijo, en el que hay que comer: si no tenemos hambre deberíamos saltar la comida. Es normal no comer cuando hay una enfermedad pasajera, el cuerpo suele no tener hambre cuando está enfermo. Si no hay hambre no comer.

También es importante saber parar de comer. Cuando uno no siente más hambre, frenar.

NO SER SISTEMÁTICO

Puede ser que haya días en los que comemos mucho y otros días poco, depende de la energía que necesitemos cada vez.

9.6 No hacer otras cosas durante la comida

Tratar de dedicar el tiempo de la comida especialmente para comer, no para hablar y/o hacer otras cosas. De ser posible habría que tratar de comer en silencio. Eliminar todos los temas importantes: trabajo, problemáticas, etc, durante la comida. Si se habla, tratar de hablar solo de cosas positivas, nunca de cosas negativas, porque nos vamos a "tragar" ese pensamiento.

9.7 Apreciar lo que vamos a comer antes de comerlo

Es muy bueno ver, sentir, oler y apreciar lo que vamos a comer antes de comerlo. Ver la belleza de la energía que se junto ahí y que existe especialmente para alimentarnos. Debemos tratar de no comer cosas que no nos abran el apetito.

9.8 Comer lo sólido como líquido y lo líquido como sólido

Masticar bien, si tragamos pedazos gruesos de comida el proceso digestivo se hará más pesado. Todos los sólidos tendríamos que masticarlos hasta transformarlos en algo líquido antes de tragarlos. En la boca comienza la digestión. Y dejar los líquidos (jugos) un tiempo en la boca antes de tragarlos.

9.9 Tratar de comer las comidas más frescas posibles

Lo que comemos es la energía acumulada del sol, del aire, de la tierra, y del agua. Tratar de elegir alimentos que vienen de cerca de donde vivimos, no que vienen desde 10.000 kilómetros, o que no lleven dos semanas en la heladera del negocio. Comer fresco es clave para tener un buen nivel de *prana*, tener una huerta sería ideal. Se recomienda seguir las épocas del año a nivel de la fruta y las verduras. La naturaleza hace crecer en el lugar las plantas y verduras que necesita la gente de ese lugar.

9.10 Que la mitad de lo que comemos sea frutas y verduras

Mucha gente come muy pocas frutas y verduras, cuando son lo más beneficioso para la salud, además de ser ricos y variados. La pirámide alimenticia que se ve en la mayoría de los productos son investigaciones pagadas por las industrias alimenticias. Las frutas se digieren en menos de una hora, las verduras entre 1 y 2 horas, las carnes entre 6 y 8 horas.

LAS FRUTAS Y VERDURAS ESTÁN HECHAS PARA NUESTRO ORGANISMO

Tratar de no comer las frutas con la comida (la única que se puede con la comida es la manzana).

QUE LA MITAD DE NUESTRA ALIMENTACIÓN SEAN FRUTAS Y VERDURAS

Es simple, rico y eficiente. Si uno tiene hambre entre las comidas se recomienda comer solamente frutas.

9.11 Balancear lo que comemos con lo que perdemos

Hay un equilibrio entre lo que ingerimos y lo que gastamos. Hay días que gastamos mucho entonces tendremos que consumir más, hay días que perdemos poco, entonces consumiremos menos. Es importante tomar consciencia de comer según lo que necesita nuestro cuerpo. **Buscar el equilibrio entre ingestión y pérdida.** Hoy hicimos comida voluminosa con muchos postres, entonces mañana comemos más liviano (o haremos más deporte). Tratar de mantener este equilibrio en un plazo de 2 a 3 días es clave.

9.12 No tomar durante las comidas (y si se toma tratar de que no sea frío)

Se recomienda no tomar durante la comida porque tomar diluye la digestión. Si se toma que no sea algo frío, porque el frío va a paralizar el estomago. Se recomienda tomar durante el día, hasta una hora antes y una hora después de cada comida. Té hepático treinta minutos antes de comer nos prepara para la comida, o un poco de jengibre con sal. Té digestivo media hora después ayudará a la digestión.

9.13 No levantarse enseguida al terminar de comer

Tratar de quedarse unos 5 minutos tranquilos, sentados. No dar enseguida otra actividad al cuerpo, porque está totalmente concentrado en iniciar bien la digestión.

9.14 Caminata post-comida

Viene bien una caminata tranquila, entre 5 minutos y media hora después de comer, estar afuera un poquito. Tratar de no hacer una actividad exigente para el cuerpo enseguida después de comer.

9.15 No comer: cosas que no sean frescas, comida artificial, enlatados

Lo que realmente comemos es sol; como no podemos comerlo directamente comemos plantas que acumulan sol por la fotosíntesis, por el aire, el agua, la tierra con los minerales.

Esta es la razón de la importancia de comer algo fresco. Una comida hecha hace mucho tiempo no tiene el *prana* de una comida fresca, una comida que viene desde muchos kilómetros hace mucho que no ve el sol. Todo lo que contiene color, sabor, agente de texturas, conservador artificial, no es bueno para la salud, es difícil para el organismo eliminarlos. También se relacionan con varias enfermedades crónicas, como alergias, infertilidad u otras de este tipo.

Con la comida ingerimos tantos productos que no utilizamos, que el cuerpo se satura. Esta intoxicación, es por ingerir productos que el cuerpo no necesita, es el terreno más favorable para las enfermedades.

9.16 No comer animales

El por qué se detalla en todo el capítulo 10: Vegetarianismo.

9.17 No alcohol, no cigarros

El alcohol nos pone borrachos, nos conduce a la enfermedad (alcoholismo y cirrosis) y nos mata (en la enfermedad o los accidentes). Los cigarros destruyen nuestros pulmones y arterias, mata (uno de cada dos fumadores muere por un motivo relacionado al cigarro).

9.18 Evitar alimentos blanqueados

El azúcar blanca, la harina blanca, el arroz blanco, la pasta blanca, son productos a los que le sacaron la parte más nutritiva; nuestro organismo necesita más trabajo para asimilarlo, no lo reconoce como un alimento natural.

9.19 Menos grasas animales y azúcares

Tratar de disminuir el consumo de grasas y azúcares. La grasa y los azucares en gran cantidad son la base de problemas de salud importantes, como problemas cardiovasculares y diabetes. La alimentación "moderna" contiene ambos en mucha cantidad (mucho más de lo que requiere nuestro cuerpo).

9.20 Evitar alimentos picantes

Los alimentos picantes activan a la mente. Pero si el estómago es sensible puede perjudicarlo.

9.21 Evitar alimentos fermentados

Genera fermentación interna que aumenta la intoxicación y oscurece la mente.

9.22 Limitar las mezclas

Tratar de limitar salsas pesadas y mezclas porque dificultan la digestión y la asimilación. No mezclar demasiados alimentos en una comida.

9.23 La ley del medio

La ley del medio es tratar de mantener un equilibrio con lo que comemos. Comer simple, natural, variado y en cantidad moderada alarga la vida.

9.24 Comer legumbres y cereales (las proteínas naturales)

Las legumbres y los cereales son la base de la alimentación (según la sana pirámide alimenticia), son la mayor fuente de proteínas que tenemos. Se recomienda que los cereales sean integrales. También son buenos los brotes, granos, semillas, frutos secos, almendras, nueces, avellanas, castañas, y los derivados animales como el yogurt, la leche y el queso (no mucho de esto).

9.25 Proporción ideal

Mitad del estomago con comida, un cuarto con agua y un cuarto vacío. No comer hasta estar lleno, comer hasta estar satisfecho; uno debería poder levantarse de la mesa y no sentir pesadez.

9.26 Desayuno

Para el desayuno se recomienda comer muchas vitaminas. Esto son las frutas, los cereal, la leche, la miel, etc. Los trabajadores físicos necesitarán más azúcares lentos, carbohidratos.

9.27 Cena

Para la cena sopa, raíces y ensaladas para cuidar el sueño. Si comen carne por lo menos que no sea en la noche.

9.28 Ir al baño todos los días

La constipación es motivo de enfermedades. Tratar de evacuar como mínimo una vez al día. Idealmente tendríamos que evacuar antes de comer, eso nos libera mucha energía. Ver las hierbas que favorecen el tránsito intestinal en su región. Y privilegiar alimentos que contienen muchas fibras.

9.29 Categorías energéticas de la comida

Hay tres tipos de energías para el yoga: *Satvica,* la pura, la que eleva, que permite el crecimiento, el entendimiento, la liviandad. *Rajasica,* la que permite el movimiento, la acción, la pasión, el trabajo. *Tamasica,* la que da letargia, pesadez, incomprensión.

Tratamos de elegir los alimentos que tienen energía *satvica*. Los alimentos *rajasicos* y *tamasicos* son los animales, comer mucho, lo recocido mucho tiempo, lo que se cocino varias veces, los hongos que viven de la oscuridad y no de la luz, los huevos (si comes huevo tratar de que sea poco, no más de 3 a la semana, tienen muchas bacterias en descomposición), lo picante, las cebollas y el ajo (la cebolla y ajo son buenos como herramientas para la salud, para alguien que busca la paz a nivel mental estos no son alimentos que ayudan, sirven como cura medicinal pero no para estabilidad mental).

Los alimentos para la paz y claridad mental son: frutas y verduras frescas, cereales, granos, semillas, leche, y leguminosas.

9.30 Equilibrio ácido-básico

En occidente, la comida tradicional es 80% ácido y 20% básico. La comida saludable es 80% básico y 20% ácido. Comer menos dulces, menos refrescos, menos grasas, menos azúcares y más frutas y verduras para reequilibrar (el plátano muy maduro es básico).

Capítulo 10
VEGETARIANISMO

10.1   Energía de la violencia
10.2   Naturalmente no estamos hechos para comer carne
10.3   Enfermedades
10.4   Razones ecológicas y climáticas
10.5   Ventajas de comer vegetarianamente
10.6   "No matarás"
10.7   Diferencias entre la carne y los vegetales
10.8   Respetar la vida
10.9   Como parar
10.10 Como reemplazar
10.11 Historia y evolución

Ser vegetariano es comer vida y promover la vida. Comer carne es comer muertos y promover la muerte: de los animales, de los hombres y del planeta.

El vegetarianismo concierne a la salud del hombre, de los animales, del mundo y del planeta. Tiene razones ecológicas, de salud, espirituales, políticas y económicas para justificarlo. De forma simple: la carne es un cadáver en proceso de descomposición y al comer carne uno ayuda y comparte responsabilidad en la matanza de los animales, en la matanza de los humanos y en la matanza de la tierra.

Para producir alrededor de un cuarto de kilo de carne se utilizaron 30.000 litros de agua, lo que podemos leer también como: no comer carne una semana, equivale (en agua) a economizar varios años de ducha. Si 10 % de la gente dejara de comer carne, llegaríamos enseguida a cumplir con los objetivos que el acuerdo de Kyoto espera lograr en 20 años en término de reducción de gases contra el calentamiento.

La comida vegetariana es más saludable que la comida no vegetariana. Una ensalada fresca es un condensado de sol, aire, mineral y agua, el cuerpo digiere rápidamente y se siente bien. Un bistec es la parte del cadáver de un animal que ayudamos a matar y está en un proceso de descomposición. Esto no es exageración, son palabras justas y exactas, de no entenderlo así es simplemente falta de consciencia, no ver la verdad que contiene el acto.

10.1 Energía de la violencia

La carne contiene una energía *Rajasica* y *Tamasica*, que activará la mente y oscurecerá el entendimiento; además traerá agresividad en nosotros.

¿Cuál es la vivencia mental de un animal que es torturado y matado? El animal como la planta tiene un aura, y el animal tiene una parte mental (aunque no sea tan desarrollada como la del hombre). La energía de la comida que comemos nutre la mente. Si comemos a un animal que fue torturado y matado nos va a transmitir esa energía, nos va a nutrir la mente con esa energía.

¿Cuál es la actitud psicológica de los carnívoros? ni bien encuentran a un animal reaccionan violentamente, y tratan de comérselo si es chico. ¿Cuál es la actitud psicológica de un animal vegetariano? plácido, tranquilo, muy difícil de enojarse, no tiene esa tensión. La gente vegetariana es mucho menos agresiva que la carnívora. Es una razón que mata hombres. Si todos fueran vegetarianos habrían muchas menos guerras. Menos violencia en la ciudad, en la carretera, en la casa.

10.2 Naturalmente no estamos hechos para comer carne

- ✿ Los carnívoros tienen colmillos grandes para arrancar y despedazar la carne, nuestros colmillos son pequeños.

- ✿ Los carnívoros no tienen glándulas sudoríparas, nosotros sí.

- ✿ Los carnívoros tienen el ácido clorhídrico del estómago mucho más potente que el nuestro, se utiliza para la digestión de la carne, eso hace que la digestión de la carne sea tan difícil y larga para nosotros.

- ✿ Los carnívoros tienen un intestino mucho más corto respecto al cuerpo que nosotros, lo que hace que la carne se quede menos tiempo adentro, en nuestro caso tenemos un intestino tan largo que hace que la carne se quede más tiempo, cumpliendo ahí dentro su descomposición.

Una vez que el animal muere es un cadáver que regresa al polvo, se pudre, se llena de bacterias de la descomposición. En la carne que alimenta a los hombres no se ve porque la mantenemos en la heladera, pero se hace adentro de nuestro cuerpo. Los carnívoros no guardan la carne adentro, están hechos para no guardarlo para que no haga putrefacción dentro del cuerpo. Nosotros los humanos tenemos un intestino tan largo y un ácido tan poco fuerte que la putrefacción se hace dentro de nuestro cuerpo: eso se llama intoxicación. Esta intoxicación es motivo de muchísimas enfermedades. Y cuando la persona está constipada es todavía peor.

10.3 Enfermedades

La gente con dieta vegetariana reduce muchísimo el nivel de enfermedades, especialmente el cáncer de colon, el cáncer de seno, la osteoporosis o los problemas cardiovasculares entre otros. Hoy los problemas cardiovasculares son la mayor causa de mortalidad en occidente, y la grasa animal es el factor predominante en estas enfermedades.

Comer carne nos predispone a patologías graves, nos deja en un estado de intoxicación que es base para que se generen muchas enfermedades.

10.4 Razones ecológicas y climáticas

Si consideramos los problemas ecológicos más importantes de nuestro planeta, encontraremos que la razón numero uno es la carne.

Por ejemplo el calentamiento global: la emisión de CO_2 de todos los autos del mundo representa el 3% de las emisiones responsables del calentamiento. Las tres primeras causas de emisiones son:

- ✿ La deforestación representa alrededor del 20% de los gases (del cual el 80% es para ganado).

- La segunda razón es el ganado mismo (representa más del 10%) por los gases de los animales.

- La tercera razón es la industria agroquímica, que afecta principalmente a los campos agrícolas y a la alimentación del ganado.

Hoy en día si uno es vegetariano ayuda a que haya menos deforestación y no tanto calentamiento global.

Otro problema ecológico es el agua. La mejor forma de economizar el agua no es cerrar la canilla cuando te cepillas los dientes o no tener una pileta; la mejor forma de economizar el agua es no comer carne. La mitad del consumo de agua de Estados Unidos es para el ganado. El ganado utiliza 10 veces más agua que el cereal. Respecto a la contaminación, la orina y los excrementos de todos estos ganados contaminan los ríos. El 90% de todos los cultivos de los campos son para nutrir animales, y son responsables de la deforestación, desertificación y contaminación química.

10.5 Ventajas de comer vegetarianamente

Si no comiéramos más animales tendríamos 7 veces más comida, tendríamos más forestación, más oxígeno, menos productos químicos flotando en el ambiente que nos intoxican, seríamos más sanos, y habría menos violencia y agresividad.

Seremos más eficientes: en limitar el calentamiento global; en preservar el agua; en proteger nuestro planeta; en luchar contra el hambre; y en evitar las guerras; siendo vegetarianos que con cualquier otra acción o herramienta generalmente recomendadas.

10.6 "No matarás"

La primera regla de la ética del yoga, del hinduismo, del budismo, de los mandamientos dados por Dios a través del judaísmo y del cristianismo: "no matarás". No a la violencia. El animal no quiere morir y nosotros los matamos.

La dignidad del hombre exige que viva según la regla de no-violencia, y vivimos matando. ¿Cómo queremos vivir en paz si vivimos matando a millones de seres? Existe un *karma* colectivo. *"La violencia, la ley del más fuerte, es la ley del animal, y la no violencia es la ley del humano"* Gandhi.

10.7 Diferencias entre la carne y los vegetales

El animal tiene una consciencia más elaborada que los vegetales. Si creen que matar a un animal es lo mismo que "matar" a una planta: tomen un cuchillo y maten a una zanahoria y a un novillo, miren como se sienten en cada caso, que le dice su consciencia. Si quieres matar a una zanahoria lo vas a poder hacer con facilidad, no se va a quejar, está hecha para ser comida. Frente a un animal te vas a enfrentar a algo que no quiere morir, a un animal que te va a mirar a los ojos, te va a poner frente a tu acto y tu consciencia. Es difícil matar a un animal, hay que ser muy poco humano para poder matarlo.

Un animal muere y se vuelve un cadáver, que enseguida se pudre. Una planta se queda madura mucho tiempo para poder ser asimilada en este tiempo, es un don de la naturaleza. Metemos dentro de nuestro cuerpo a una fruta o un vegetal y nuestro organismo lo asimila enseguida. Metemos dentro de nuestro cuerpo carne y nuestro organismo interrumpe enseguida otra digestión y tarda mucho tiempo en poder digerirlo.

10.8 Respetar la vida

Comer una zanahoria es respetar a la vida, está hecha para eso. Comer a un animal no lo es. ¿Por qué nadie ve lo que sucede dentro de los mataderos de animales? Es fundamental tomar consciencia, no nos damos cuenta que el animal que estamos comiendo no es diferente que la mascota que uno tiene en su hogar, al perro o al gato. Pero si vemos un gato muerto y abierto en la heladera nos da enseguida asco, ni pensar en comérselo. Quien come carne tiene parte de responsabilidad implícita en la violencia y matanzas de millones de animales y en la matanza del planeta a nivel ecológico. Es necesario para nuestra evolución poder respetar la vida.

10.9 Cómo parar

Hay quienes tienen suficiente consciencia para parar de una vez. Y quienes no necesitan parar progresivamente, también está bien. Si se quiere hacer así se recomienda primero eliminar la carne roja y el puerco (lo más nocivo), luego los frutos de mar (tienen muchas bacterias de descomposición), y comer menos carne. A medida que se va eliminando la carne como último dejar la carne blanca, luego eliminar todos los pájaros y animales terrestres, y dejar el pescado, hasta que se elimine también.

10.10 Cómo reemplazar

Las proteínas que comemos por animales las hicieron animales vegetarianos. La vaca es vegetariana, tomo sus proteínas del pasto, de las plantas. Comemos proteínas de segunda mano si comemos carne. Los que comen carne comen vegetarianos, no comen carnívoros, no comen leones, perros. Es mucho mejor hacer las proteínas uno mismo directamente desde las plantas. Se requiere muchas menos proteínas de lo que se dice para el mantenimiento de la salud, y muchas de las proteínas las hace uno mismo.

Las mejores proteínas provienen de las leguminosas, los cereales, las nueces, las almendras, las semillas, los frutos secos, los granos, los brotes, y los productos lácteos.

10.11 Historia y evolución

Era sin duda necesario para el hombre prehistórico comer animales para sobrevivir. No hay nada malo con esto. Hoy en día algunos pueblos pueden necesitar comer carne o pescado. Si es para sobrevivir, si cazan y pescan solamente para ellos tampoco hay nada malo en esto. Los pueblos nativos suelen rezar por el animal y respetar su medio ambiente, adaptándose armoniosamente, y considerando la naturaleza sagrada. Pero no es porque el hombre prehistórico comía carne que tenemos que hacerlo: también solía gruñir en vez de hablar y supo evolucionar.

Capítulo 11
CONTROL DE PESO

11.1 Tomar consciencia de la relación entre lo que se come y lo que se pierde
11.2 Menos calorías (menos grasas, azúcares, etc.)
11.3 No repetir
11.4 Tratar de no comer entre las comidas
11.5 Vegetarianismo
11.6 Tomar 3 litros de agua por día
11.7 Cuando se puede hacer una comida de frutas
11.8 Mínimo media hora de ejercicio físico aeróbico por día, hasta sudar
11.9 Mínimo 3 kilómetros de caminata por día, si se puede 6 kilómetros
11.10 Baño de vapor 2 veces por semana
11.11 Si hay constipación hacer una purga leve y natural
11.12 No alcohol
11.13 No refrescos (nada con gas). Tomar agua o agua con hierbas
11.14 Ayudar al hígado, los riñones y la vejiga

∞

Los problemas de peso se pueden tratar fácilmente con un poco de perseverancia y dedicación. Un cuerpo con un exceso de peso carga mucho al organismo y hace trabajar mucho más al corazón, a las articulaciones, a la circulación, a los músculos, todo el organismo se cansa, se encuentra sobre-exigido.

∞

11.1 Tomar consciencia de la relación entre lo que se come y lo que se pierde[1]

11.2 Menos calorías (menos grasas, azucares, etc.)

Las calorías y los azúcares son energía disponible para ser utilizados según nuestras necesidades de movimientos y pensamientos, pero hoy en día la gran mayoría de las personas son sedentarias, por lo que no requieren muchas calorías. Sin embargo la comida occidental suele ser muy rica en grasas y azúcares, contiene muchas calorías. Tratar de reducir y/o eliminar: refrescos, mantequilla, nata, postres pesados, etc.

11.3 No repetir

Servirse una vez y no repetir. Es fácil de aplicar y no es demasiado exigente. Aprender la costumbre de no repetir nos ayudara a comer con disciplina, cuidar nuestra salud y mantener nuestro peso.

11.4 Tratar de no comer entre las comidas

Para el control de peso es muy importante tratar de no comer entre comidas. Y si uno tiene hambre entre las comidas puede comer una fruta que es lo más liviano, sano, y de rápida digestión para el cuerpo. Hacer de esto una regla.

11.5 Vegetarianismo[2]

---

[1] Para este punto se recomienda leer el capítulo 9.11.
[2] Se recomienda leer todo el capítulo 10: Vegetarianismo.

11.6 Tomar 3 litros de agua por día

Nos ayudará a limpiar el sistema digestivo, drenar los riñones y la vejiga, activar la eliminación, etc.

11.7 Cuando se puede, hacer una comida de frutas

Contiene mucho agua (además de las vitaminas) y nos ayudarán en la eliminación.

11.8 Mínimo media hora de ejercicio físico aeróbico por día, hasta sudar

Quema las reservas acumuladas de grasas y azúcares.

11.9 Mínimo 3 kilómetros de caminata por día, si se puede 6 kilómetros

Quema las calorías y activa la eliminación.

11.10 Baño de vapor 2 veces por semana

El calor húmedo activa la eliminación a través del sudor. Salir cuando ya no se puede aguantar el calor y cepillarse el cuerpo para quitar el sudor con un guante húmedo frío, luego regresar adentro, pero esta vez por menos tiempo. Repetir 3 o 4 veces (menos veces y tiempo si uno sufre de problemas cardiovasculares).

11.11 Si hay constipación hacer una purga leve y natural

Con plantas naturales diuréticas.

11.12 No alcohol

11.13 No refrescos (nada con gas)

Tomar agua o agua con hierbas.

11.14 Ayudar al hígado, los riñones y la vejiga

Es de gran importancia ayudar al hígado, los riñones y la vejiga en sus papeles de eliminación para poder perder peso. Al hígado se le puede ayudar con una cura a base de boldo (oxyboldine) y a los riñones y a la vejiga con una cura de dientes de león.

Capítulo 12
SALUD CARDIOVASCULAR

12.1 Menos o nada de grasa animal
12.2 Menos azúcar
12.3 No alcohol, no cigarros
12.4 Ejercicio de yoga *Saludo al sol* todos los días
12.5 Ejercicios físicos regulares
12.6 Mínimo 3 km. de caminata o bicicleta todos los días
12.7 Relajación guiada o auto-relajación
12.8 Posturas invertidas todos los días
12.9 50% de verduras frescas en nuestra comida
12.10 Ingerir diariamente limones y un poquito de ajo
12.11 Baño de pie con hojas de parra negras caliente

Los problemas cardiovasculares son la mayor causa de mortalidad en el mundo occidental. Un pequeño cambio en su rutina diaria, un poco de consciencia del mantenimiento del sistema cardiovascular, un poco de ejercicio y relajación, mucha fruta, y su corazón lo agradecerá.

12.1 Menos o nada de grasa animal

Más productos lácteos *light*, nada de carne.

12.2 Menos azúcar

Menos postres, gaseosas, golosinas etc...

12.3 No alcohol, no cigarros

12.4 Ejercicio de yoga *Saludo al sol* todos los días

12.5 Ejercicios físicos regulares

El corazón es un músculo que se mantiene con la actividad.

12.6 Mínimo 3 km. de caminata o bicicleta todos los días

El ejercicio suave, regular y sostenido realizado por un cierto tiempo, aumenta el poder de resistencia. Es el mejor mantenimiento para el corazón.

12.7 Relajación guiada o auto-relajación

Elimina el estrés, que es uno de los factores que empeoran los problemas cardiovasculares.

12.8 Posturas invertidas todos los días

Trae más sangre al corazón, que se expande, se agiliza, y luego trabaja mejor (según la Ley de Sterling).

12.9 50% de frutas y verduras frescas en nuestra comida

Los alimentos son amigos de nuestro corazón y arterias.

12.10 Ingerir diariamente limón y un poquito de ajo

Limpia el sistema cardiovascular, mantiene las venas y arterias, sube o baja la tensión arterial según sea necesario.

12.11 Baño de pie con hojas de parra negras caliente

Activa la circulación sanguínea.

Capítulo 13
ENFERMEDADES

13.1   Entender qué es la enfermedad
13.2   ¿Qué nos crea enfermedades?
13.3   ¿Qué ayuda al organismo a mantenerse sano?
13.4   El mecanismo de la enfermedad
13.5   Ayuno durante la enfermedad
13.6   Aceptar la enfermedad
13.7   Pensar en la enfermedad empeora la enfermedad: autosugestión positiva
13.8   Desintoxicación
13.9   A menos que sea urgente, evitar hospitales
13.10 Evitar las piedras preciosas y los cristales
13.11 La flor es la "enfermedad" de la mariposa

Sin salud uno no puede disfrutar de nada. Para poder disfrutar de la vida necesitamos disfrutar de un buen estado de salud. No tenemos consciencia de nuestro cuerpo físico: cuando está bien se hace olvidar y no prestamos atención de que está funcionando bien. Es muy importante tener consciencia que la salud es la primera riqueza, es la mayor riqueza: sin salud, ¿a dónde estaría la familia, el trabajo, el poder?

La salud es la base de todos los logros, sin salud no se puede lograr nada.

Es bueno diferenciar entre la enfermedad y el proceso de envejecimiento (un proceso natural).

13.1 Entender qué es la enfermedad

La enfermedad es el resultado de la desobediencia de las leyes de la vida que gobiernan la naturaleza. Pero también la enfermedad puede ser amiga, un proceso natural de purificación y eliminación de todo lo no natural acumulado en el cuerpo. Hay muchas cosas que tomamos tanto en la respiración, pero más que todo en la alimentación, que no son naturales, tantos productos químicos, moléculas, gérmenes, emociones, pensamientos negativos, que no tendrían que entrar al cuerpo. Generalmente la enfermedad es el proceso que realiza nuestro cuerpo para poder eliminar todo eso. El ejemplo más simple es la fiebre: la fiebre aumenta el fuego interno para poder eliminar las toxinas que metimos en él.

13.2 ¿Qué nos crea enfermedades?

- Comer en exceso.
- La mala alimentación.
- Comer carne.
- Tener una pobre respiración.
- La falta de ejercicios físicos.
- La falta de buen reposo.
- La contaminación.
- Las preocupaciones.
- El estrés.
- Los problemas.
- El alcohol.
- El tabaco.
- Las drogas.
- La hiper-medicación.
- Pasar temporadas largas en hospitales.
- No tomarse el tiempo para hacer cada cosa.
- La ansiedad.
- Los pensamientos negativos.
- Desperdiciar mucho el semen.
- La constipación.

Todo esto nos acorta la vida, acelera el proceso degenerativo y el proceso de vejez, bajan las defensas naturales, intoxica el cuerpo y nos predispone a las enfermedades.

13.3 ¿Qué ayuda al organismo a mantenerse sano?

Mejorar la respiración, realizar actividades al aire libre, tener una alimentación natural y fresca en moderación, el sol temprano, los ejercicios diarios, disfrutar de un buen sueño y relajación, tener pensamientos positivos y optimismo. Todo esto nos ayuda a construir una buena salud.

13.4 El mecanismo de la enfermedad

El proceso de la enfermedad, tiene 4 niveles:

- ✿ 1er. Toda enfermedad tiene una causa *kármica*, una lección para aprender, y a veces un cambio a realizar en nuestro tipo o dirección de vida.

- ✿ 2do. La autorización psicológica a través de una idea negativa o restrictiva. No hay "algunas" enfermedades psicosomáticas; **todas** las enfermedades tienen una relación con la mente (a diferentes grados). Si la mente no tendría ninguna idea restrictiva no podría desarrollarse ninguna enfermedad.

- ✿ 3er. El comportamiento, el nivel energético, donde desarrollamos un bloqueo que no deja que fluya la energía dentro de nosotros, la retenemos, haciendo que se vuelva enfermedad. Este bloqueo energético es el mecanismo de la enfermedad. A su vez pasa por las hormonas del sistema endocrino, o por los plexos solares del sistema nervioso, adentro del cuerpo.

- ✿ 4to. Termina el proceso patológico con el síntoma físico.

El porcentaje de cada uno de los niveles cambia, cada caso es distinto. Una enfermedad puede tener 10% de causa *kármica* y 70% de causa psicológica, y otra puede tener 80% de causa física. Pero todas las enfermedades grandes y crónicas tienen los 4 niveles. A la vez cada nivel tiene una causa: la causa al nivel físico es la intoxicación por mala alimentación, que es el terreno favorable para recibir el síntoma desde el nivel energético, entonces será necesario hacer un trabajo terapéutico a nivel físico (lo que hace la ciencia alopática), así como una purificación física más profunda. Pero a veces si uno trata un síntoma y permanece es necesario trabajar los otros niveles de la enfermedad. El nivel energético (el mecanismo patológico) siempre se tendría que trabajar. A veces hay que trabajar también a nivel psicológico[3], y a veces a nivel *kármico*: qué es lo que tenemos que aprender, aprender algo a nivel de su propia vida y generar que este aprendizaje lleve a un cambio de vida. Todas las enfermedades crónicas tienen que trabajarse en los 4 niveles.

13.5 Ayuno durante la enfermedad

Cuando uno se encuentra enfermo, en general no tiene hambre. Está bien. Es porque el cuerpo necesita todas las fuerzas disponibles para poder curarse y eliminar las toxinas. La digestión y la asimilación requieren mucha energía. El ayuno es el mejor remedio contra la enfermedad.

13.6 Aceptar la enfermedad

No aceptar a la enfermedad la va a poner más rígida, más plasmada, más fuerte. Es por ello que debemos aceptarla mentalmente. No ponerle resistencia. Aceptarla con los brazos abiertos: "es lo que me toca, es mi realidad, ¡bien! Voy a hacer lo necesario para mejorar y curarme, para aprender, acepto la situación y el desa-

---

[3] Para ver la relación entre la parte del cuerpo, el síntoma y la psicología, se recomienda el libro: *El gran diccionario de la enfermedades* de Jacques Martel o *Sana tu vida* de Louise Hay.

fío". Aceptar la enfermedad es prestarse para ayudar a la vida, es la mejor actitud para enfrentar una enfermedad. Aceptar la enfermedad es el primer paso terapéutico.

13.7 Pensar en la enfermedad empeora la enfermedad: autosugestión positiva.

Debemos poner mucho cuidado en donde esta nuestra mente cuando estamos bajo los síntomas de alguna enfermedad. Tratar de no pensar demasiado en la enfermedad, pensar que hay vida, que el alma no se enferma, que nuestro cuerpo y energía estén haciendo todo para volver al equilibrio.

13.8 Desintoxicación[4]

13.9 A menos que sea urgente, evitar hospitales

Según el *Journal of the American Medical Association* el tratamiento médico es la tercer causa de mortalidad en Estados Unidos (luego de los problemas cardiovasculares y el cáncer). Los hospitales representan un porcentaje enorme de la causa de enfermedades (alrededor del 30%). En los hospitales uno a veces se cura y a veces agarra enfermedades. La ciencia alopática dice que es por los gérmenes, pero no solamente: hay tantas entidades de enfermedades y dolor a nivel psíquico y la gente es tan débil a nivel energético (astral) que pueden ser afectados. Los hospitales salvan vidas, son instituciones fundamentales en toda sociedad, sin embargo debemos estar atentos de no pasar demasiado tiempo allí, ir solamente por razones de primera necesidad.

---

[4] Se recomienda leer todo el capítulo 14.

13.10 Evitar las piedras preciosas y los cristales

En caso de cáncer, problemas de corazón, trastornos psicológicos y pregnancias: no llevar consigo piedras preciosas, semi-preciosas o cristales. Éstas tienden a activar los tumores, fragilizar el corazón, y aumentar los trastornos psicológicos. En general:

- ❂ No usar piedras preciosas en forma regular.

- ❂ Aprender de los efectos energéticos de cada piedra.

- ❂ Limpiar las piedras que se utilizan, cada dos semanas, poniéndolas durante una noche en agua con sal.

13.11 La flor es la "enfermedad" de la mariposa

El proceso de nacimiento de la mariposa es la "enfermedad" de la oruga. Todo sufrimiento nos enseña un proceso de evolución[5]. Y aunque a veces la enfermedad está demasiado desarrollada a nivel físico, para poder curarse, la mariposa puede nacer en el plano mental.

---

[5] Se recomienda leer el capítulo 20.6

Capítulo 14
DESINTOXICACIÓN

14.1 Ayuno
14.2 Baño de asiento frío
14.3 Cura de arcilla de tomar
14.4 Cura de trífala
14.5 Carbón activo
14.6 Cura del limón
14.7 Cura de ajo
14.8 Cura de jugo de zanahoria y de remolacha
14.9 Baño de vapor
14.10 Lavado del colon
14.11 Masaje linfático
14.12 Tomar mucha agua
14.13 Cataplasma de arcilla en el bajo vientre
14.14 Té de hierbas depurativas
14.15 Respiración *Kapabhalati* y *Anuloma-Viloma*
14.16 Posturas invertidas
14.17 Ejercicios
14.18 Ducha fría a la mañana
14.19 Baños de pies con hojas de parra negra
14.20 Complementos alimenticios
14.21 Tránsito intestinal

Lo que permite la enfermedad a nivel físico es la intoxicación y proviene de la mala alimentación. Sobrecargamos al sistema con muchas moléculas, toxinas, productos químicos, productos no naturales, fermentación, que debilitan o que no son utilizados por el cuerpo. El cuerpo tiene que eliminar todo esto a través del ejercicio (sudar), la respiración, la orina y los excrementos. Cuando no es suficiente el proceso de eliminación para sacar todas las toxinas que metimos: nos intoxicamos.

La desintoxicación, estando sano, va a prevenir el desarrollo de la enfermedad. No porque no haya síntomas declarados no debemos hacerlo, es un proceso de la salud muy importante. De vez en cuando deberíamos hacer una buena limpieza de nuestro sistema digestivo, de nuestra sangre, de todo el circuito entre la boca y el ano.

14.1 Ayuno

El ayuno es la mejor herramienta para la desintoxicación. Esto es así porque la mayoría de la energía que utilizamos es para la digestión: si estamos en ayuno o hay muy poco tiempo de digestión, el cuerpo va a disponer de mucha energía para realizar la eliminación. El ciclo normal es digestión, asimilación, eliminación.

Cuando nos alimentamos sin cuidarnos (y con carne) tenemos una digestión de hasta 6 a 8 horas por comida. El aparato digestivo realiza digestión muy larga y complicada porque está lleno de alimentos no naturales que tiene que asimilar, que no reconoce, y no queda mucho tiempo para la eliminación. Entonces eliminando o achicando la digestión liberamos mucha energía para que el cuerpo se dedique a la eliminación.

El primero y más sencillo ayuno es realizando un día de frutas: durante un mes tener un día de frutas por semana, es lo más rápido de digerir. Si quiere y se puede, hacer 3 días de fruta por semana. Las manzanas son muy buenas para limpiar el sistema digestivo. La fresa, el tomate y las uvas son buenas para limpiar la sangre. También se puede realizar un ayuno de jugos de fruta y jugos de verduras. Si se puede una semana completa de jugos al mes. También se puede realizar un día de ayuno completo, tomando solo agua o algún te de hierbas.

Se puede hacer más: una semana sin comer, pero hay que hacerlo con cuidado y luego retomar una alimentación gradual y natural, con moderación; consultar con especialistas (tampoco es para todo el mundo, depende de la constitución de la persona), es necesario consultar a expertos para ayunos completos de más de un día.

14.2 Baño de asiento frío

Este baño desintoxica, da energía, y es bueno para quien quiere adelgazar. Es muy bueno para eliminar toxinas, genera una reacción nerviosa que repercute en todo el cuerpo, aprietan los tejidos y eliminan las toxinas hacia las vías de eliminación natural.

❧ En una palangana se pone agua muy fría y uno se sienta adentro, con las piernas y el cuerpo afuera, solo teniendo las caderas adentro, hasta el pliegue de la cadera. La pieza puede estar caliente para no pasar frío. Lo que se necesita es un choque frío en el lugar del perineo. Quedarse de 2 a 5 minutos ahí, depende del tamaño de la persona, luego salir, secarse y calentarse bien. Se recomienda hacerlo todos los días a la mañana durante un mes.

14.3 Cura de arcilla de tomar

La arcilla tiene la capacidad de absorber todo lo que no es natural en un entorno específico.

❧ La forma de realizarlo es con arcilla especial de ingestión: poner una cucharita al ras en un vaso de agua de vidrio a la noche, girar despacito y dejarla reposar, a la mañana siguiente se toma el agua. Tomar durante la primera semana solo el agua, la segunda semana se toma el agua con el polvo, mezclando. Se recomienda hacerlo durante todo un mes.[6]

14.4 Cura de *trífala*

Trífala es un producto hecho de tres polvos, de la medicina *ayurvédica* de la India, se puede conseguir en occidente. Limpia y armoniza el sistema digestivo.

Si son cápsulas se recomienda tomar 2 cápsulas en la mañana y otras 2 en la noche. Si es en polvo mezclar una cucharada con leche a la mañana, otra a la noche. Se recomienda practicarlo durante un mes.

---

[6] Las curas de limpieza del sistema digestivo, 14.3, 14.4, 14.5, no se juntan. Se deben practicar una a la vez.

14.5 Carbón activo

El carbón activo tiene una capacidad de absorción muy fuerte, tiene el poder de tomar, de absorber, todas las cosas antinaturales.

Dos cucharadas tres veces al día, a lo largo de 15 días, para una cura. O por ejemplo, 2 pastillas por día, en ayuno.

14.6 Cura del limón

El limón tiene la capacidad de limpiar la sangre, bajar la tensión si es muy alta, subirla si es muy baja, mata bacterias nocivas o ayuda en la curación de la artritis. Se recomienda empezar tomando dos limones diarios, luego si se puede ir subiendo la dosis de a dos limones cada semana, hasta llegar a una semana de ocho limones diarios, y luego volver a bajar progresivamente hasta llegar a dos limones diarios. Se recomienda mantener el consumo de dos limones diarios permanentemente. La forma más simple es agua con limón. También se puede reemplazar el vinagre por el limón en las ensaladas y tomar té digestivo de limón. Es erróneo pensar que el limón da acidez, al contrario, es alcalino en el cuerpo y sana la acidez estomacal.

14.7 Cura de ajo

El ajo es *rajásico*, aumenta la agitación mental, pero simultáneamente posee muchos beneficios a nivel terapéutico, como para el sistema cardiovascular. Una persona con cáncer debería tomar mucho ajo. Si hay problemas cardiovasculares empezar muy suavemente con el ajo, un diente o medio diente por día, ir aumentando hasta 5 dientes de ajos por día, luego bajar a un diente por día y se termina. Ajo crudo es preferible.

14.8 Cura de jugo de zanahoria y de remolacha

Esta cura purifica, limpia y descongestiona el hígado, además lo regenera. El hígado es el órgano más complejo del sistema digestivo, a veces esta muy solicitado y congestionado. Tomar jugo de zanahoria solo o con remolacha, dejando el jugo en la boca un tiempo antes de tragarlo, durante un mes. Es ideal. Se puede hacer también acompañando al ayuno. Hacerlo entre comidas, cuando no hay digestión.

14.9 Baño de vapor

Un baño de vapor es una caja en donde nos metemos enteros, con la cabeza afuera, la caja se llena de vapor caliente húmedo. Hace sudar mucho. Uno sale, se limpia con agua fría y vuelve a entrar varias veces. Si hay problemas cardiovasculares poner mucho cuidado. No hacerlo más de 2 veces por semana, y no quedarse mucho tiempo.

14.10 Lavado de colon

Este proceso se hace en clínicas o gabinetes especializados, con una maquina. El colon, que está al final del intestino, acumula muchas toxinas. Es una desintoxicación muy poderosa. Este lavado es necesario también en cada enfermedad crónica.

14.11 Masaje linfático

Uno de los trabajos de la linfa es la eliminación. Sin ejercicios físicos la linfa no se activa. Los masajes linfáticos ayudan a reponer una buena circulación de la linfa, mejorando la eliminación de desechos celulares.

14.12 Tomar mucha agua

No hay desintoxicación posible sin tomar mucha agua. Se recomienda tomar de 2 a 3 litros de agua diarios.

14.13 Cataplasma de arcilla en el bajo vientre

Mezclar la arcilla en polvo con agua hasta lograr una consistencia cremosa. Colocarla sobre una gasa del tamaño de la superficie de una mano, 1 o 2 centímetros de alto, y luego ponerla sobre el bajo vientre, justo arriba del pubis, recubrimos con un algodón y una tela alrededor para sujetar la cataplasma. Dormir con esto puesto, una vez por semana durante un mes, para eliminar toxinas. Si el sueño es inestable, si hay mucho sudor, o si nos ponemos nerviosos, quitar la cataplasma y volver a empezar al día siguiente.[7]

14.14 Té de hierbas depurativas

Tomar té laxativos o depurativos para eliminar la constipación. Se recomienda hacerlo junto con el ayuno y el baño de asiento.

14.15 Respiración *Kapalabhati* y *Anuloma-Viloma*

Kapalabhati[8] es muy buena para limpiar los pulmones, renueva el aire residual que hay en ellos.

A la respiración *Anuloma-Viloma*[9] se le puede agregar la siguiente visualización para tener un efecto limpiador:

- ❁ Al aspirar, traigo oxígeno al fuego interno (cerca del ombligo) y lo activo.

- ❁ Al retener, siento el fuego activado quemando todas las impurezas adentro mío.

- ❁ Al expirar, libero el aire gris de las impurezas quemadas.

---

[7] Las herramientas 14.3, 14.4, 14.5, 14.6, 14.7, 14.8, 14.10, 14.13 se pueden hacer regularmente, por ejemplo frente a cada cambio de estación hacer 21 días, o también cada mes o cada tres meses, alternando limpieza y complementos alimenticios.
[8] Respiración explicada en el capítulo 1.2.
[9] Respiración explicada en el capítulo 2.4.

14.16 Posturas invertidas

Trae la sangre de vuelta hacia los pulmones para re-oxigenarse, purificando la sangre venosa.[10]

14.17 Ejercicios

Saludo al sol[11]. También se puede hacer ejercicios donde se sude. Caminata rápida, sintiendo la respiración y sudando. Los ejercicios ayudan a la desintoxicación, trayendo las toxinas a la sangre y hacia las vías naturales de eliminación, activándola.

14.18 Ducha fría a la mañana

Activa la circulación y la eliminación. Puede ser difícil tratar, pero no se va a arrepentir, uno se siente muy bien después.

14.19 Baños de pies con hojas de parra negra

Caliente, activa la circulación y purifica la sangre.

14.20 Complementos alimenticios

Luego de la desintoxicación se puede seguir con complementos alimenticios. *Chawanprash*, *spirulina*, jalea real, polen, germen de trigo, levadura de cerveza, etc. Viene bien hacerlo durante un mes. Luego de una cierta edad, cuando uno empieza a fabricar menos células (alrededor de los 40), es recomendado tomar estos complementos regularmente para ayudar a nuestro laboratorio interno.

---

[10] Se explica en capítulo 4.4.
[11] Ejercicio explicado en el capítulo 1.3

14.21 Tránsito intestinal

La constipación, junto con la mala alimentación, es la mayor causa de la intoxicación del cuerpo. Los desechos alimenticios no se tienen que guardar mucho tiempo en el organismo, cuanto menos mejor. Un gramo de materia fecal contiene miles de bacterias, gérmenes y microbios. Ir al baño como mínimo una vez al día es tener un buen tránsito intestinal.

En caso de constipación tomar hierbas laxativas y realizar lavado de colon. También poner agua en un envase de cobre a la noche y a la mañana tomarlo (medio litro), ayuda a eliminar la constipación y equilibrar las funciones de digestión (tener cuidado de siempre lavar a fondo el envase de cobre antes de poner el agua).

Capítulo 15
ENRAIZAMIENTO

15.1 Más naturaleza
15.2 Pies y manos en la tierra
15.3 Actividades físicas
15.4 Ciclo de ejercicios
15.5 Aceite esencial
15.6 Reconciliarse con el cuerpo
15.7 Trabajo sobre antecedentes
15.8 Clarificar bienes y dinero
15.9 Hacer un balance de las relaciones de familia
15.10 Respiración de la tierra

La primera fuente de energía en nuestro sistema es el sol. En el aire tenemos la energía del sol en forma directa. Pero el sol se dividió, una parte del sol se separo, se enfrió, recibió otras agregaciones y se hizo la tierra; hay energía de sol en la materia. El *prana* de la tierra es mucho más denso que el *prana* del aire. Existen dos polos, el polo negativo la tierra, el polo positivo el cielo. Nos nutrimos de ambas energías, hay un fluir entre los dos. El árbol toma el sol y el aire con las hojas y la llevan hacia las raíces, y las raíces toman los minerales y el agua, y las lleva hacia las hojas.

Nosotros tenemos una conexión con el *prana* del aire a través de la respiración, energía que podemos metabolizar enseguida, y tenemos también una conexión con la energía de la tierra. Esta última es muy importante, muy diferente. El cuerpo físico está hecho de materia, tiene un peso, y esta masa de materia que somos viene de la tierra. Este cuerpo que tenemos es parte de la naturaleza y tiene programas que funcionan solos: el de crecer, el de digerir, etc. Nuestros programas internos se alimentan con la conexión a la tierra. Nuestro cuerpo es materia que viene de la naturaleza, posee la inteligencia de la tierra y por lo tanto es hijo de la madre tierra.

No somos solo este cuerpo, somos mente y espíritu también, pero a nivel del cuerpo somos hijos de la madre tierra. La tierra nos dio el cuerpo y el cuerpo regresará a la tierra. Como hijos de la naturaleza, como parte de la naturaleza, tenemos los derechos de beneficiarnos de este lazo. Un árbol no tiene problema existencial, hace lo que es natural, pero nosotros nos desconectamos de la tierra. La energía de la tierra se encuentra alrededor de un metro arriba de la superficie. Y este lazo en realidad trae algo importantísimo a nivel psicológico: la seguridad, la base, el soporte, la confianza en el proceso natural. También es el sentido común, los antecedentes, el manejo de todo lo físico. Pero la mayoría de las personas viven en edificios, no pisan naturaleza, comen comida industrial, y no tienen contacto con la naturaleza, son personas sin contacto con el *prana* de la tierra.

Cuando uno tiene esas raíces poco desarrolladas o bloqueadas, ¿qué sucede? Le sucede lo mismo que a un árbol con raíces chiquitas; frente a un viento fuerte tiene miedo de caerse. Si el humano no tiene raíces no tiene seguridad, no tiene la confianza en el proceso natural, y no podrá construir algo con una base fuerte.

A su vez, este bloqueo es el que autoriza la depresión: la depresión es una combinación de dos bloqueos, uno de ellos siendo siempre la raíz. Si las raíces están fuertes es solamente un desequilibrio psicológico pero no una depresión. También puede plasmarse en el cuerpo físico, como problemática en las piernas, en las articulaciones, en los huesos.

Es importante para nuestro equilibrio tener una base fuerte. Todo lo que elaboramos mental y laboralmente, cualquier cosa que deseamos emprender, necesita una base fuerte. ¿Qué sucede si construimos una casa con fundaciones frágiles?

Pertenecemos a la madre naturaleza y nos lo recuerda siempre con la gravedad. Tenemos un peso y la madre tierra nos atrae hacia abajo, hacia ella, nos recuerda todo el tiempo "estoy acá, confía en mí". Es muy importante tener raíces muy fuertes. En general la gente que vive cerca de la tierra y conoce los ciclos de la naturaleza tiene confianza en el proceso natural, pero la mayoría de la gente vive en ciudades y esta desconectada. Mucha parte del miedo, de la preocupación, de la debilidad, de la perdida de energía viene de tener raíces poco desarrolladas. Fuertes raíces, tener conexión con la tierra nos trae, a nivel psicológico, ganas de vivir.

En el siguiente capítulo se enumeran herramientas que nos ayudarán a desarrollar nuestras raíces con la tierra.

15.1 Más naturaleza

Más contacto con la naturaleza. Bajar al nivel de la tierra.

Si uno vive en la ciudad puede ir al parque todos los días, ponerse un ratito debajo de un árbol, y respirar. Sacarse los zapatos más seguido y caminar descalzo, si estamos siempre con zapatos las descargas no se hacen bien, necesitamos una toma de tierra al igual que la electricidad, para descargarse. Si se puede caminar a la mañana descalzo con el rocío afuera. Y tratar de pasar el fin de semana y las vacaciones en la tierra (montaña, campo, ir a caminar al bosque, a la naturaleza salvaje).

15.2 Pies y manos en la tierra

Poner sus pies y manos en la tierra, manipularla. Hacer actividades como jardinería. Cuidar y mover la tierra. Hacer una huerta, sembrar flores, etc. Si uno vive en un departamento tener flores y plantas. Si uno puede hacer huerta sembrar verduras. En todas estas actividades tratar de ver los ciclos, entenderlos, los ciclos son parte de la naturaleza.

15.3 Actividades físicas

Las actividades físicas nos reubican en el cuerpo físico. Se recomienda hacer alguna actividad física que nos haga sentir el cuerpo, ya sean deportes o trabajos físicos.

* ❋ Luego del ejercicio uno puede acostarte en la tierra, sin materia aislante. Al reponerse en la tierra después de descargar energía nos rellenamos con energía proveniente del *prana* de la tierra. Es terapéutico. Puede hacerse después de realizar alguna actividad física, o después de los ejercicios de sacudir y descargar, también después de un baño con agua de mar.

15.4 Ciclo de ejercicios

Ejercicios para enraizarse:

- **Abrir el *chakra* del pie.**[12] Se encuentra a dos dedos debajo del centro del arco calloso de la planta del pie. Masajearlo o pisar una bola. Ablandar toda esa parte.

- **Patalear fuerte y despacio.**

- **Sentadillas,** doblando las rodillas, subir, bajar.

- **La gravedad**. Pasar el peso de un pie al otro, sentir el peso y conectarse con el contacto con el suelo. Visualización: tengo peso, si tengo peso es porque tengo masa, esta materia viene de la naturaleza, soy hijo de la madre tierra y tengo derechos de confiar en el proceso natural. Al hacer esto me reconecto mental y emocionalmente con la tierra.

- **Conectar raíces**. Aspirando levanto los brazos y me pongo en puntas de pie, expiro y me dejo caer, con las rodillas dobladas. Mientras visualizo que tal como esas maquinas que meten pilares en los puentes, estoy metiendo mis raíces desde los pies a la tierra, mis raíces crecen hacia el centro de la tierra.

- Ahora que estoy conectado con la tierra, tengo el lazo mental y emocional, y estoy arraigado, es tiempo de **"bombear"** esa energía. De parado me doblo desde las caderas hacia delante y dejo caer la cabeza, los hombros y brazos relajados para adelante. Al inspirar doblo las rodillas y pongo los muslos en horizontal. Al expirar enderezo las piernas sin subir. Hay un momento en el que voy a temblar: eso quiere decir que la energía está entrando al cuerpo, (el primer *chakra* es entre las piernas). Cuando doblo las rodillas y las estiro es como si succio-

---

[12] Ejercicio detallado en el capítulo 2.10

nara esta energía de la tierra, es algo muy suave, como un gas. Cuando estiro las piernas y levanto los glúteos es como llenar una jeringa desde las piernas, y succionara esta energía en forma de gas rojo desde el centro de la tierra hacia dentro del cuerpo. Cuando sienta que las rodillas me tiemblan me detengo unos segundos, y me lleno de energía.

Otra forma es: parado, doblar las rodillas, y hacer subir esta energía con los brazos, como recolectándola desde el suelo, con movimientos amplios de los brazos, llenando todo el aura y el cuerpo con todo este "humo rojo".

15.5 Aceite esencial

Con olor a clavo o pino, el que más le guste. Cada día poner una gota en la etiqueta de la ropa interior.

15.6 Reconciliarse con el cuerpo

Ponerse desnudo frente al espejo y trabajar la consciencia, el agradecimiento y la aceptación del cuerpo.

15.7 Trabajo sobre antecedentes

Estudiar un poco sobre nuestros orígenes, nuestros antecedentes. Conocer de dónde venimos y reconectarse con la herencia del linaje familiar. Nuestra cultura, saber adónde estamos.

15.8 Clarificar bienes y dinero

Hacer un estado de cuentas, un balance financiero, y saber a dónde estamos con lo material, sin dejar nada descuidado. Tener claridad de lo que tenemos a nivel de bienes y dinero.

15.9 Hacer un balance de las relaciones de familia

Como el estado de cuentas, hacer un balance de relaciones, ver dónde estamos con cada persona de nuestra familia. No dejar las relaciones deshacerse por falta de cuidado. Elegir nuestras relaciones y dejarlas claras.

15.10 Respiración de la tierra

Esta respiración sirve para reconectarse con la madre tierra.

✿ Acostarse en la tierra y hacer una respiración profunda, simple pero profunda, cómoda, y cada vez que uno aspire arquear un poco a nivel del plexo solar y corazón, al expirar bajar nuevamente relajando la espalda contra el suelo. Aspirar y despegar la espalda unos centímetros, expirar y bajar. Seguir haciendo eso e imaginar que nos encontramos acostados sobre la espalda de un enorme animal que respira, es un animal suave y gentil, y es la respiración del animal la que provoca este movimiento en nuestro cuerpo, está respirando con uno, ambos en comunión, ambos entregados, respirando al mismo tiempo. Luego ver que no es un animal, es el planeta tierra quien respira con nosotros. Estamos entregados al planeta tierra, a la gravedad, en comunión con la respiración de la tierra, esta madre tierra que nos dio el cuerpo, que nos da todo su soporte.

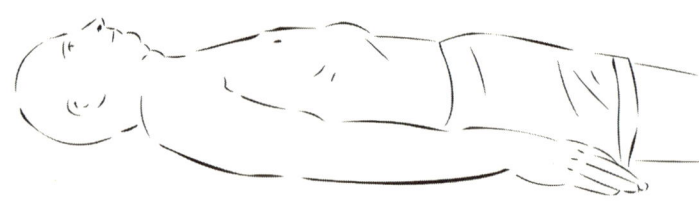

Capítulo 16
LOS OTROS

16.1 Aprender de las diferencias y disfrutar de lo que tenemos en común
16.2 Respeto
16.3 *Baby-Soul*
16.4 No actuar desde la emoción, los deseos y los instintos
16.5 La energía negativa deteriora las relaciones
16.6 Practicar ponerse en el lugar del otro
16.7 No se puede cambiar a nadie
16.8 Tolerancia
16.9 Considera los actos más importantes que las palabras
16.10 Aprender a perdonar y pedir perdón
16.11 Aprender a agradecer
16.12 La playa mágica. Visualización: perdono, pido perdón, y agradezco
16.13 La confianza
16.14 Compartir
16.15 Mirar a los ojos
16.16 Actitud yógica

16.1 Aprender de las diferencias y disfrutar de lo que tenemos en común

El "otro" es por definición diferente de uno mismo. Y la primera actitud en remarcar las diferencias es el juicio, la crítica. Esto trae tensión, condenas, y es la dirección hacia la violencia. Considerar que tenemos muchos más factores en común (vivimos en la misma tierra, en el mismo planeta, somos humanos, quizás con la misma cultura o nacionalidad, mismos intereses, etc.) que diferencias. Aprender de las diferencias y disfrutar de lo que tenemos en común es *sine-qua-non* (obligatorio) para mantener una relación en el tiempo. También es toda la riqueza de la diversidad. Sepamos y queremos encontrar la unidad en la diversidad.

16.2 Respeto

El respeto es primero darle un lugar al otro, una legitimidad. No puede haber una buena relación con el otro si ante todo no lo respetamos. Respetar sus derechos de ser diferente, respetar su libertad, su privacidad, sus tiempos, aprender a respetar sus limitaciones. El respeto trae abertura, intercambio, aprendizaje, libertad, confianza, claridad.

16.3 *Baby-Soul*

Alguna gente actúa en el mundo, y con nosotros, sin respeto, egoístamente, hiriendo, produciendo dolor y sufrimiento, nos hace mal, nos desilusiona y es entonces fácil para nosotros criticar y condenarlos. Es frente a estas personas que vendría bien entender el concepto de "las almas bebés". Cada uno evoluciona lentamente, de vida en vida, y toma muchas vidas para llegar a las virtudes y la sabiduría. En este camino de evolución algunas almas están apenas empezando, y entonces se ubican más cerca del "hombre animal" que del "hombre sabio". Si un niño de 4 años actúa con maldad no podemos realmente condenarlo (sí educarlo), de la misma manera podemos entender fácilmente a una persona "mala", si sabemos que está empezando su camino de evolución, de la consciencia animal a la consciencia del sabio. Nos afectarán menos los *baby-soul*.

16.4 No actuar desde la emoción, los deseos y los instintos

- No actuar desde las emociones inestables, cambiantes y negativas.

- No actuar desde los deseos egoístas.

- No reaccionar desde los instintos, inconscientemente.

- Actuar desde el deber.

- Actuar desde las necesidades.

- Actuar según sus posibilidades.

- Actuar según los requerimientos de la situación (no a partir de lo que quiero yo o quiere el otro).

- Actuar según lo correcto y justo (lo sabemos internamente).

- Actuar con gentileza.

16.5 La energía negativa deteriora las relaciones

Juzgar, criticar, enojarse, odiar, ironizar, envidiar, imponer, desdeñar, ignorar; el orgullo, los problemas, la arrogancia, la hipocresía, la pasión, los deseos, la ansiedad, el pesimismo, la suspicacia; producen sufrimiento en los demás y en uno mismo, en nuestro propio cuerpo y mente.

16.6 Practicar ponerse en el lugar del otro

Practicar ponerse en el lugar del otro incorporando sus condiciones de vida, su pasado, su infancia, su familia, sus traumas y sus limitaciones. ¿Actuaríamos diferentemente en estas condiciones?

16.7 No se puede cambiar a nadie

Solamente se puede explicar, dar herramientas y mostrar el ejemplo, es nuestra única posibilidad hacia el otro. **Pero no podemos cambiar a nadie.**

16.8 Tolerancia

Es fundamental entender que no todos somos iguales, tenemos condicionamientos pasados, infancia, *karmas*, destinos diferentes. Somos diferentes. No hay que querer que la gente sea como uno es. Tener tolerancia, nos facilita las relaciones, no somos iguales, hay que aceptarlo. Se puede poner de lado lo que sabemos, conocemos y queremos para poder recibir. Escuchar, aceptar, abrirse. Las diferencias son fuente de enseñanza, de lo distinto aprendemos (privilegiar y disfrutar de lo que tenemos en común y aprender de las diferencias)[13].

16.9 Considera los actos más importantes que las palabras

Muchas veces las palabras son tan ventilarlas como la mente, ligadas a las emociones y al momento. La mayoría de las palabras no son realidades, y la mayoría de las personas hablan demasiado para que las palabras estén todas con un contenido real. Las acciones tienen mayor realidad, muestran una verdad. Si uno quiere evaluar a otra persona no hay que hacerlo sobre las palabras, hay que hacerlo sobre los actos.

---

[13] Ver capítulo 16.1

16.10 Aprender a perdonar y pedir perdón

Si uno no puede perdonar va a sufrir largo tiempo inútilmente. Somos humanos, el error es humano, no somos perfectos, la perfección no es humana, estamos obligados a cometer errores. Sobre esos errores perdonar y pedir perdón. Son miles las personas que nos hirieron y a las que herimos, aunque sea con una simple mueca, esto deja huellas y condiciona nuestras relaciones. Aprender a perdonar y pedir perdón es posible cuando llegamos a un cierto nivel de consciencia, abertura y evolución. Nos libera de los lazos inútiles y limitadores con las personas y el pasado.

16.11 Aprender a agradecer

También son muchos los que a lo largo de la vida nos ayudaron de una forma o de la otra, aunque sea con una simple palabra. Hacia ellos tenemos una deuda de agradecimiento si no la hemos expresado aún. Agradecer sana relaciones. Al mismo tiempo, hace bien al otro y a nosotros.

16.12 La playa mágica. Visualización: perdono, pido perdón, y agradezco

Para todos los lazos pasados se puede hacer la siguiente visualización.

- ✿ Lograr un estado de relajación y visualizar una playa grande, inmensa. Ubicar mentalmente en esta playa a todas las personas que en esta vida nos hicieron sufrir de una forma u otra (pequeña o grande). No tratar de ver quiénes son y que hicieron cada uno, sentir que podemos hoy perdonarlos y expresar "yo les perdono" mentalmente. A medida que son perdonados van desapareciendo.

- ✿ Luego ubicar mentalmente en la playa a todas las personas a quienes lastimamos de una u otra forma (pequeña o grande) en esta vida. No tratar de ver quiénes son y que les hicimos a cada uno, pedir perdón, honestamente y sinceramente. Porque queremos liberarnos de esta deuda y andar libres en nuestros siguientes pasos, hoy somos capaces de hacerlo. A medida que aceptan nuestro perdón van desapareciendo todas las personas.

- ❁ Por último traer a la playa a toda la gente que en esta vida nos ayudo de una forma u otra (pequeña o grande). Es el grupo más importante. Considerar al grupo en su totalidad, no tratar de ver quiénes son y que hicieron cada uno, agradecer sinceramente.

Esta visualización nos ayudará a deshacernos de todos los lazos del pasado, a liberarnos, y empezar unas relaciones más sanas con los otros.

16.13 La confianza

La confianza se deposita, se adquiere, se construye, se da después de conocer, probar y merecer.

No se da la confianza de antemano (tampoco ser suspicaz). Aunque es importante ser optimista, la confianza es el resultado de una conexión, de una relación, y poco a poco depositarás tu confianza. Alguien muy confiado va a sufrir.

La confianza, al igual que el respeto, es la fundación de una relación sana.

16.14 Compartir

En lugar de siempre tener relación de poder y tratar de convencer, de tener la razón, de tener la última palabra, podemos aprender a compartir. Compartir actividades, trabajos, juegos, espectáculos, viajes, etc. Compartir es poner junto lo que somos, lo que sabemos, en un espíritu de abertura. Hacer un lugar para el otro, aprender y disfrutar juntos.

16.15 Mirar a los ojos

Las palabras pueden estar vacías, pero los ojos son las ventanas del alma, mirar el otro en los ojos cuando decimos; gracias, buenos días, por favor, etc...

16.16 Actitud yógica

El *raja yoga* o el yoga del control mental, recomienda:

- ❀ Cultivar la amistad hacia la gente que es feliz.
- ❀ Cultivar la compasión hacia la gente que es infeliz.
- ❀ Cultivar el deleite hacia la gente virtuosa.
- ❀ Ser indiferente con la gente no virtuosa, negativa.

Esto trae paz mental.

Capítulo 17
EL NACIMIENTO

17.1 Comida natural en el embarazo
17.2 Momentos de tranquilidad
17.3 Ejercicios de preparación al parto
17.4 Relación con profesionales
17.5 Ir a la clínica en el último momento
17.6 No romper la bolsa si no se rompió sola
17.7 Naturalmente se da a luz en cuclillas y sin anestesia
17.8 Que no se adelante el parto por conveniencia del médico
17.9 Que el papá entre en la sala de parto
17.10 Que haya la menor cantidad de personas posibles
17.11 Que no se haga cesaria solamente por conveniencia del personal médico
17.12 Que el bebé sea puesto en el pecho de mamá apenas nazca
17.13 Que no haya demasiada luz
17.14 No cortar el cordón umbilical enseguida
17.15 Regresar al bebé a su madre o padre lo más pronto posible
17.16 Cargar al bebé contra uno mismo hasta casi el año

17.1 Comida natural en el embarazo

En el embarazo alimentarse lo más naturalmente posible, con comidas frescas y sanas en vez de comida industrializada. Va a ayudar en la buena formación del bebé, es la materia prima para poder construir su cuerpo y tener la suficiente leche tiempo después. Hacer un esfuerzo de cuidado de la alimentación durante el embarazo. También tratar de purificarnos, aunque sea momentáneamente (tabaco, alcohol, etc.). Estamos compartiendo nuestra sangre con la del bebé.

17.2 Momentos de tranquilidad

Tratar de hablar y cantar con el bebé en el vientre. Buscar momentos de tranquilidad. Usar música suave, el bebé la escucha, le da armonía. Además cuando nazca y esté tenso ponerle esa misma música que escuchaba al estar dentro de la panza lo ayudará a tranquilizarse.

17.3 Ejercicios de preparación al parto

Preparar el parto con ejercicios de abertura de caderas y piernas, y ejercicios de respiración: cuanto más flexibles estén las piernas y cadera más fácil será el parto. Y la respiración va a ayudar a relajar, aguantar, empujar, seguir y participar de todo el parto. Realizar ejercicios de respiración con contracción, con abertura, con retención, expirar para soltar y relajar. Existen cursos de yoga para embarazadas, se recomiendan.

17.4 Relación con profesionales

Preparar el parto con profesionales con quien tengamos una buena relación, de confianza y tranquilidad. Es importante pedirle de antemano todas las cosas que uno desee para el parto, arreglar todo desde antes, hablarlo. La confianza y el reconocimiento ayudarán a estar más relajado en el momento del parto.

17.5 Ir a la clínica en el último momento

No ir horas antes, porque se tendrá que esperar en una sala de pre-parto, eso genera tensión, y puede uno estar invadido por mucha gente del hospital que se acercan innecesariamente. Que el papá u otra persona de confianza esté en la sala de parto para no dejar entrar a las personas que no sean indispensables.

17.6 No romper la bolsa si no se rompió sola

Hay una costumbre en algunos lugares de romper sistemáticamente la bolsa de agua adrede. Idealmente el parto se hace sin romper la bolsa, así el bebé pasa del interior al exterior protegido, de una manera más suave, menos traumática para él.

17.7 Naturalmente se da a luz en cuclillas y sin anestesia

No acostado. La mamá tiene que participar, es uno de los momentos más importante de su vida, un momento de amor, de vida, dar a luz. No sacarla del proceso anestesiándola y que dé a luz acostada, sin ver. Existen sillas para estar levemente en cuclillas o camas inclinadas. Y la anestesia se da si es necesaria, no obligatoria o preventiva.

17.8 Que no se adelante el parto por conveniencia del médico

El adelanto del parto inducido sin necesidad le quita al bebé el derecho de nacer naturalmente, cuando es lo mejor para él. No tomar medicamentos para adelantar el parto. El momento de nacer, el ideal, es el que dicte la naturaleza.

17.9 Que el papá entre en la sala de parto

Es lo más natural. Ayudará a la mamá a sentirse mejor, acompañada, en un contexto distinto. El papá puede ayudar y hablar con su mujer, tomando su mano o de diferentes maneras. Estar presente, dar amor y soporte, compartir y tomar consciencia.

17.10 Que haya la menor cantidad de personas posibles

Es algo familiar e íntimo. Es importante para que la mamá se sienta más en confianza, en "casa", es su parto.

17.11 Que no se haga cesaria solamente por conveniencia del personal médico

Que se hagan cesarias, peri-dular o corte a menos que sea necesario. No aislar a la mamá del bebé. Hoy en día hay un abuso de cesarias, muchas son preventivas y por conveniencia del médico, eso le impide vivir a la madre ese momento importante de su vida y la de su niño. Estamos hechos para hacer partos naturalmente. La cesaria debe ser solamente como último recurso.

17.12 Que el bebé sea puesto en el pecho de mamá apenas nazca

Que esté en el pecho de la madre por lo menos 3 minutos es fundamental. Es un trauma para el bebé no estar con la madre apenas nazca. Dejar al bebé en el pecho tiene como beneficio la producción de hormonas que sacarán toda la placenta, y a nivel psicológico, más tarde será una relación muy diferente en cuanto a la autoridad.

17.13 Que no haya demasiada luz

Es muy traumático para el bebé nacer frente a luces muy luminosas, agresivas, hay que pensar que viene de adentro, de un lugar protegido y oscuro.

17.14 No cortar el cordón umbilical enseguida

Tratar de dejarlo un tiempo. Esto servirá para darles tiempo al bebé y a la mamá de procesar el suceso, de conocerse por afuera y de separarse físicamente.

17.15 Regresar al bebé a su madre o padre lo más pronto posible

El bebé necesita estar con sus padres apenas nazca, no dejar pasar más de algunos minutos si lo alejan de su entorno familiar. Que lo pongan cerca de la mamá y el papá, y a lo sumo que vengan las enfermeras a hacer lo que necesiten, pero ahí. Los niños necesitan estar en el aura de la madre.

17.16 Cargar al bebé contra uno mismo hasta casi el año

Cargar al bebé como lo hacen los indígenas, no con una mochila donde el bebé está derecho, sino con una hamaca en diagonal a nuestro pecho. El bebé, hasta el primer año, está desarrollando el derecho natural de tener, necesita estar en nuestra aura, frente a nosotros, dándole la posibilidad de tener. No ponerlo en una carreola, si está a un metro ya no estará más en nuestro aura, y estará expuesto a los pensamientos, vicios, problemas y problemáticas de todas las personas que pasan frente a él, sin nuestra protección. Todas las indígenas del mundo entero llevan al bebé. Ese bebé tendrá muchos menos problemas psicológicos y energéticos. Tratar de no utilizar carreola. Es también más simple para moverse, trabajar, etc.

Capítulo 18
LA EDUCACIÓN

18.1 Desde el primer año de vida: derecho natural de tener
18.2 Desde el segundo año: empieza a desarrollar el derecho natural de sentir
18.3 Desde el tercer año: empieza a desarrollar el derecho natural de hacer
18.4 Desde el cuarto año: empieza a desarrollar el derecho natural de amar y ser amado
18.5 Desde el quinto año: empieza a desarrollar el derecho natural de hablar
18.6 Desde el sexto año: empieza a desarrollar el derecho natural de ver
18.7 Desde el séptimo año: empieza a desarrollar el derecho natural de conocer
18.8 Ejemplo e influencias
18.9 Hacer cosas juntos
18.10 Promover actividades colectivas
18.11 Actividades deportivas
18.12 Arte
18.13 Actividades al aire libre
18.14 Abertura a lo diferente
18.15 Regularidad y disciplina
18.16 Cultura ética de las virtudes
18.17 Dios
18.18 Aprender de ellos
18.19 Realzar sus capacidades naturales
18.20 Utilizar cuentos

18.21 **Manualidades**
18.22 **Meditar en la idea de que no es "mi hijo"**
18.23 **No hacer silencio cuando duerme el niño**

Existen 7 derechos naturales a nivel psicológico que se van adquiriendo progresivamente, construyendo una personalidad completa, utilizando todas las principales funciones y conexiones psicológicas.

Si se reprime o se inhibe este derecho natural, por ejemplo: mucho "¡no hagas eso!" cuando el niño desarrolla su derecho a hacer, para construir su autoestima, va a traer un trauma que se traduce por un bloqueo en los temas relacionados (en este caso expresar sus emociones o tener energía, o problemas, o acciones, o poder personal y autoestima), que a su vez podrá traer una problemática física, un síntoma.

Ayudar al desarrollo de sus derechos naturales es lo mejor que se puede hacer para ayudar al desarrollo de la personalidad del niño. Cada una de estos derechos va a traer un plus a la persona, una estabilidad, un equilibrio, armonía. Será una persona equilibrada.

Hoy en día casi todos estamos con problemáticas psicológicos, desequilibrios, por ejemplo: uno es muy intelectual pero es no actúa mucho, o uno es mucho en el sentir y poco en el reflexionar, o mucho en el poder y poco en el amor, etc.

18.1 Desde el primer año de vida: derecho natural de tener

El bebé sonríe o llora. Y llora cuando no tiene lo que quiere. Quiere tener la atención de mamá, tener leche, tener limpieza si está sucio, tener calor si tiene frío, tener amor. Es lo que hay que darle. Si no se lo da puede inhibir su derecho natural de tener.

Si la mamá lo carga con ella el primer año el derecho natural de tener estará afirmado. Y si no se lo damos este principio se inhibe y luego todo lo relacionado a tener va a estar afectado, la persona va a necesitar tener "cosas" para sentirse bien: bienes, dinero, etc. El derecho natural de tener también se puede inhibir a cualquier edad, por ejemplo con la pérdida (muerte) de una persona amada, o con una mudanza traumática, etc. Si se respeta el derecho natural de tener desde el principio el niño va a construir su seguridad, su confianza en el proceso natural.[14]

18.2 Desde el segundo año: empieza a desarrollar el derecho natural de sentir

¿Qué hace el bebé en su segundo año? se pone todo en la boca, quiere sentirlo todo, quiere sentir al mundo. No inhibir este sentir. Hay que estimularlo. El "¡no pongas eso en tu boca!, ¡es sucio!" puede inhibir este derecho, y llegar un día al extremo de plasmarse en un tumor en las glándulas sexuales. Nuestra sociedad es colectiva, competitiva y machista. Esto nos hace ver la sensibilidad como una fragilidad. Y algunos prefieren esconder su sensibilidad, inhibirla. Pero la fragilidad no es debilidad, y la vida misma necesita esta flexibilidad para expresarse.

18.3 Desde el tercer año: empieza a desarrollar el derecho natural de hacer

"Yo lo hago", el niño quiere hacer todo el tiempo. No inhibirlo, no quiere decir que se le permita todo, pero saber enseñarle

---

[14] Para este derecho se recomienda leer el capítulo 15: Enraizamiento.

la responsabilidad del acto, y explicarle porque no puede hacer ciertas cosas. Ayudar a este principio establecerse; construirse, es lo que va a dar la autoestima, la confianza en sí mismo. Darle responsabilidad y alentarlo. El bebé con el "yo llevo el pan, yo pongo la mesa, yo hago tal cosa o tal otra". Construye su capacidad de hacer. Evitar decirle "no hagas eso eres muy chico", "no hagas eso es peligroso", en vez de eso: "bueno, te doy los platos y los pones en la mesa, tú eres capaz de hacerlo, toma, ve".

18.4 Desde el cuarto año: empieza a desarrollar el derecho natural de amar y ser amado

Establecer estos lazos de amor, declararlos, mostrarlos, responderlos. Esto los ayudará en su capacidad de abrirse a los otros, de conectarse con la belleza y el amor en los otros y en sí mismo, de tener alegría en su vida, y de equilibrarse. Así también para poder establecer lazos de amor en su entorno.

18.5 Desde el quinto año: empieza a desarrollar el derecho natural de hablar

El niño quiere expresarse, participar, no inhibirlo, escuchar. "a ver cuéntame", evitar: "no, es una discusión para grandes, eres muy chiquito", "ahora no hay tiempo" o "estoy ocupado ahora" sin más explicaciones. Los niños pueden entender muchas cosas que los padres piensan, tratarlos como adultos al nivel de la comunicación les ayudará tanto como a los padres.

18.6 Desde el sexto año: empieza a desarrollar el derecho natural de ver

Permitirle ver el mundo. No dejarlo ver lo que pasa, esconder cosas, reprime este derecho natural. Le impedirá tener una visión clara de la situación, ver las salidas, los mensajes, las soluciones. Respetar este derecho ayudará en su capacidad de discernimiento.

18.7 Desde el séptimo año: empieza a desarrollar el derecho natural de conocer.

Desde el séptimo año el niño quiere saber lo que pasa, va a preguntar y cuestionar continuamente. Contestarle y ayudarlo en su expansión del conocimiento, es importante para su crecimiento y su evolución.

18.8 Ejemplo e influencias

¿Qué tipo de persona, de valor, de conversación, de programa de TV, de amigos, les mostramos a nuestros hijos? El ejemplo es lo que más les enseña, porque el niño aprende a imitar.

18.9 Hacer cosas juntos

Es muy importante el tiempo de compartir en la educación. Una actividad, un deporte, un libro, una historia, crea memorias de las cuales sacarán sus respuestas más tarde.

18.10 Promover actividades colectivas

Promover actividades colectivas con niños de su edad. Jugando en grupo uno aprende sobre su fuerza, su inteligencia, aprende a ubicarse, a observar, conciliar, comparar, deducir, imitar, etc.

18.11 Actividades deportivas

Las actividades deportivas lo ayudarán a desarrollar la salud y lo pondrá en un universo en donde hay mucho para desarrollar y crecer. Enseña valores como el coraje, la abertura, la perseverancia. Enseña la preparación, la anticipación y el mantenimiento. Enseña los límites, a sobrellevar fracasos y disfrutar victorias. Ayúdalo a desarrollar lazos de amistad.

18.12 Arte

En el colegio desarrollan el lado izquierdo del cerebro, una actividad artística ayuda a desarrollar el hemisferio derecho. Deja fluir su creatividad, emociones, intuiciones, inspiraciones, su sentir. Libera lo que hay dentro de su subconsciente y establece una conexión con su alma, vía la inspiración.

18.13 Actividades al aire libre

Tener relación con la naturaleza es saber que pertenecemos al mundo de la naturaleza y no al mundo de los hombres. La naturaleza es el mejor profesor. Mostrarle la maravilla de una flor, un árbol, una montaña, una hoja, la nieve, una mariposa. Toda esta variedad, toda esta vida, expresión, combinación, posibilidades, ciclos, sabiduría, inteligencia, poder. Mostrar lo muy pequeño y lo muy grande.

18.14 Abertura a lo diferente

Viajes, culturas, países, comidas, razas, religiones diferentes. Que el niño tenga la posibilidad de ver comunidades diferentes, restaurantes diferentes. Abrirse a lo diferente, nos enseña a relativizar, a definir nuestros gustos y tendencias naturales.

18.15 Regularidad y disciplina

El niño necesita estructura, conocer sus límites para poder andar libremente y con confianza dentro de ellos. La disciplina siempre le servirá en el mundo de los adultos, la regularidad permite el logro cuando la mente o las emociones son más impulsivas. La regularidad permite profundizar cualquier aprendizaje, y sobrellevar fracasos momentáneos, enseña el éxito.

18.16 Cultura ética de las virtudes

Es la base de la educación. Por ejemplo los 10 mandamientos, la práctica de la verdad, la honestidad, el respeto, el servicio, la paciencia, la tolerancia, la compasión, entre otras.

18.17 Dios

Enseñarle acerca de Dios es fundamental para el niño. Una vida con Dios o una vida sin Dios es completamente diferente para la educación de un individuo. Poco importa cuál sea tu Dios (nombre, forma, religión), pero que el niño tenga la posibilidad de dirigirse a una entidad superior que no depende del hombre. El niño se enfrentará, al igual que el hombre, a muchas situaciones que no entiende, que no puede manejar, que lo sobrepasa. Para todo eso y todos sus sueños y evolución, y momentos, aunque no lo vea, está presente, existe. Es la herramienta número uno para la educación.

18.18 Aprender de ellos

Los grandes no están exentos de crecimiento y aprendizajes, y los niños por ser tan naturales y espontáneos son buenos profesores. Aprender de ellos nos hará bien a nosotros y a ellos también.

18.19 Realzar sus capacidades naturales

Cada niño alrededor de los 6 a los 12 años va a mostrar cuáles son sus tendencias naturales, que podrá utilizar más adelante para elegir su profesión o dar indicación para su vida. Son tendencias naturales. Lo más que podemos desear para un niño es que haga lo que sea más natural para él, no lo que nos parece a nosotros, o por estándar social. Hacer lo que le corresponde será una fuente de felicidad, de satisfacción enorme, la vida se vivirá más fácilmente, en forma más fluida. Observar y detectar cuáles son sus cualidades naturales, y cuando uno las encuentra: realzarlas, alimentarlas y respetarlas.

18.20 Utilizar cuentos

Leerles cuentos desde que son niños, y poco a poco aprenderán a leerlos ellos mismos. Ponerles siempre libros. Los libros son muy importantes. Muchas historias. A partir de las historias pueden soñar, pensar, discernir, reflexionar, pueden aprender a resolver o entender temas actuales de la vida y encontrar soluciones. También existe la terapia a través de los cuentos.

18.21 Manualidades

Hoy en día existen muchos seres humanos que ya no saben hacer nada con sus manos. Gandhi dijo "si todo el mundo pudiera hacer por lo menos una hora de manualidad diaria el mundo sería más equilibrado y humano". Hacer manualidades nos permite entender cómo llegar a un resultado, pasando por cada etapa, y procura satisfacción con el resultado. Nos enseña a valorizar, concretizar, pensar menos, y tener paciencia.

18.22 Meditar en la idea de que no es "mi hijo"

"Mi hijo" es un alma que viene a hacer su trabajo de evolución y necesita nuestra ayuda. No tiene siempre que hacer lo que nosotros queramos para ellos. No tiene que ser como nosotros queremos. No tiene que ser quienes nosotros queremos que sea. Son almas que vienen a hacer su trabajo. Estamos aquí para servirles. Es un alma que vino a nosotros porque sabe que nosotros podremos ayudarlo en su camino de evolución. Debemos darle las herramientas, condiciones, el ambiente, el alimento y ejemplo favorable a su crecimiento y no imponerle nuestros deseos.

18.23 No hacer silencio cuando duerme el niño

Dejar al niño dormir cuando hay ruido, eso le va a permitir dormir en cualquier situación y cuando sea adulto podrá dormir cuando haya ruido.

Capítulo 19
LA MUERTE

19.1 La muerte es natural, normal
19.2 Se puede morir sano
19.3 La muerte es para el cuerpo físico solamente
19.4 Es una parte muy importante de la vida
19.5 Hacer lo posible para elevar nuestra consciencia antes de la muerte
19.6 Cuentito
19.7 Se puede cambiar siempre
19.8 Durante y después de la muerte ayudar al alma a hacer un lindo viaje
19.9 Recordar que la muerte está ahí adelante
19.10 "La muerte del único hijo", una historia de Buddha

19.1 La muerte es natural, normal

No es el resultado obligatorio de una enfermedad. No es una desgracia. Todo lo físico pasa por 5 ciclos: el nacimiento, el crecimiento, el cambio, el decaimiento y la muerte. Todo lo físico muere algún día, es la condición de su existencia. Es normal, es natural, y no tiene que ser el resultado de una enfermedad. El miedo a la muerte es miedo a lo desconocido, es legítimo, es porque estamos apegados a la vida, y no nos hace bien pensar que vamos a desaparecer. Pero solamente el cuerpo muere. La muerte no es algo espantoso, no es sufrimiento, no es tabú, es natural.

19.2 Se puede morir sano

Deberíamos morir sanos. Aunque podemos observar que hoy en día la gran mayoría de las personas mueren por enfermedades y aún siendo muy jóvenes, no es obligatorio que esto suceda. Estamos hechos para llegar a ser viejos y sanos. Siempre podemos encontrar ejemplos. Si cuidamos de nuestra salud física y mental podemos estar bien hasta el final, y hasta tener el papel del abuelo querido, en vez de ser una carga para la familia, abandonado en un geriátrico. En todas las civilizaciones indígenas los ancianos han sido el centro de sabiduría de la familia, no existían geriátricos.

19.3 La muerte es para el cuerpo físico solamente

Todas las religiones hablan de algún tipo de existencia después de la muerte. Eso debería darnos una indicación, que la muerte no es el fin. **Es la muerte de lo físico solamente.** No de la mente, menos el alma. Son miles los casos de gente que fueron muertos clínicamente y que por una razón u otra regresaron. La muerte no es el final.

La muerte del cuerpo es como la muerte de la flor en el árbol. El pimpollo muere y sale la flor, muere la flor y sale la fruta, la fruta muere sale la semilla, la semilla muere sale el brote. Pero nosotros no somos la flor, somos el árbol. La muerte del cuerpo es como la muerte de la flor. La muerte definitiva no existe en la naturaleza, todo es cambio. Nada muere, todo se transforma.

19.4 Es una parte muy importante de la vida

En la India la muerte es la parte más importante de la vida. Según cómo morimos depende lo que va a pasar después, según cómo se encuentra la mente en el momento de la muerte. Por esto en el final de la vida uno se dedica a pensar en Dios, para que el "después de la muerte física" sea lo más glorioso posible. No es más un "dejar irse, abandonarse, sea como sea" (y resistirle a la muerte), sino es una puerta de entrada a lo siguiente.

19.5 Hacer lo posible para elevar nuestra consciencia antes de la muerte

Idealmente, en los últimos años de nuestra existencia deberíamos llenar nuestra vida y nuestro presente, con pensamientos elevados. Pensar, escuchar, reflexionar, y meditar sobre Dios, sobre lo divino, sobre lo más valioso de la vida, de nuestra vida. Cargarnos con vibraciones sagradas. Dejar de lado todo lo físico, lo negativo, lo mental, y quedarse con lo más lindo, lo más sagrado. Buscar la paz y el amor.

19.6 Cuentito

A los 20 años: uno busca lo ideal.
A los 30 años: uno busca el poder.
A los 40 años: uno busca los beneficios del poder.
A los 50 años: uno busca la calidad de vida.
A los 60 años: uno busca estar joven.
A los 70 años: uno busca estar sano.
A los 80 años: uno busca ser aun amado.
A los 90 años: por fin uno busca a Dios.
¿Por qué esperar?

19.7 Se puede cambiar siempre

La vida es la capacidad de cambiar, de evolucionar, cuando no hay más posibilidad de cambiar uno se muere. La vida es intercambio, es cambio, es fluir de energía, es movimiento, y nosotros también. Mientras que haya vida hay capacidad de cambio, hay capacidad de crecer, quizás no tanto a nivel físico, pero si a nivel mental. Todos podemos cambiar mentalmente. Cuando nos quedamos con ideas cerradas, emociones cerradas, construimos la rigidez que es contraria a la vida, que nos conduce hacia la muerte. Cambiar siempre es posible. Acercarse a la muerte teniendo un interés en todo lo que tiene que ver con el alma, lo sagrado, lo divino (Dios), y preocuparse menos del cuerpo y de la mente. Cuando una persona es muy débil y muy vieja necesita quedarse en paz. Hay un momento que el cuerpo no puede más, no es del cuerpo que hay que ocuparse, puede dejar las terapias físicas. Es con el alma de la persona que tenemos que tratar, es importante estar presente, rezar y amar.

19.8 Durante y después de la muerte ayudar al alma a hacer un lindo viaje

Se puede hacer rezando por la persona, cerrar cuentas, decirle (o pensarlo es suficiente) todo lo que uno tiene en el corazón, decirle todo lo que uno no logro decirle, perdonarse, pedir perdón, restablecer el lazo del amor y amistad, no extenderse en la falta. Recordar el lado bueno y positivo de la persona. Seguir rezando una o dos semanas luego de que sucede la muerte. Que todos recuerden lo positivo, y no quedarse en la idea de que a uno le hace falta (porque eso trae el alma a la tierra de nuevo, y el alma tiene que ir al infinito). Pensar en él, no en nosotros. También podemos pedirles ayuda a otras personas de culto para los rezos.

19.9 Recordar que la muerte está ahí adelante

Vivimos como si fuésemos eternos en este plano. Recordar que la muerte puede estar muy cerca nos hace vivir más plenamente, vivir aprovechando más el tiempo, mejorando nuestras prioridades, realzando el regalo del presente y eliminando lo superficial.

19.10 "La muerte del único hijo", una historia de Buddha

Una vez en la antigua India falleció el único hijo varón que tenía una madre, en una temprana edad. Se considera que la muerte de un hijo joven es el sufrimiento más difícil de sobrellevar. Su estado de depresión era muy profundo, nadie ni nada podía consolarla. Pasaba el tiempo, y el dolor seguía.

Un día un vecino le recomendó que fuera a ver a Buddha, un gran santo que acampaba con sus discípulos en el bosque, debajo de árboles, cerca del pueblo. "Él sabrá ayudarte" le dijo. Sin otro remedio que la consolara fue a ver al sabio y le preguntó si él podía ayudarla con su sufrimiento. Buddha le contestó que sí, podía ayudarla a quitarle ese sufrimiento, a superarlo. Para eso necesitaba hacer una puja (un ritual) y que para ejecutar ese ritual era muy importante que ella le llevara semillas de mostaza (un ingrediente muy común en la cocina india), pero debía conseguir esas semillas de una casa donde últimamente nadie hubiera fallecido. Enseguida la mujer fue hacia la primer casa del pueblo a buscar las semillas de mostaza, le preguntó a la dueña de casa si alguien había fallecido últimamente en esa casa y se encontró con que sí, había muerto el padre de la mujer hace poco tiempo. Entonces fue a otra casa y le contestaron que había fallecido uno de los nietos en el parto. En la tercera casa era un tío, en la cuarta una hermana, y así se encontró con que todas las casas que visitaba tenían algún ser querido que había fallecido.

Aún no había encontrado una casa que la muerte no hubiera visitado últimamente cuando se dio cuenta que la muerte era común a todos, entendió el mensaje de Buddha, la muerte es parte de la vida, y se alivió su dolor. Regresó más serena a su casa.

Capítulo 20
HERRAMIENTAS FILOSÓFICAS

20.1 La manifestación de la vida en el mundo físico y mental no es perfecta, es tal como es
20.2 La dualidad
20.3 La vida tiene un sentido
20.4 "El 99%" de la vida se encarga de todo
20.5 Todo es posible
20.6 El sufrimiento nos enseña
20.7 Los cambios nos ayudan a avanzar
20.8 Preocuparse solo por lo que uno puede controlar
20.9 Haz lo que puedes de la mejor forma posible
20.10 Confiar en el proceso natural
20.11 Agradecer al 99% en nosotros
20.12 Privilegiar la alegría al placer
20.13 La vida te da lo que necesitas si no pides o que no necesitas
20.14 El *karma*
20.15 Vivir en el presente
20.16 Fluir con el presente
20.17 Nosotros abrimos las puertas, se cierran solas
20.18 La felicidad no está en la obtención de un deseo, no está en las cosas, ni en el futuro
20.19 Cuidar palabras y actos
20.20 "Todo pasa"
20.21 Un gramo de práctica es más importante que un kilo de teoría
20.22 Si no hay suficiente voluntad para seguir una resolución: cambiar el entorno

20.23 **El alma entiende lo que la mente no puede entender**
20.24 **Visitar hospitales, geriátricos y a desafortunados. Ayudar**
20.25 **Progresando**
20.26 **No esperar el reconocimiento de todos**
20.27 **Motivación de búsqueda superior a motivación de huída**
20.28 **Maravillarse**
20.29 **Entregarse**
20.30 **Sonreír**
20.31 **Discernir en lo que dejamos entrar y lo que dejamos salir por las 10 puertas**

Las herramientas filosóficas son ideas, pautas, que tienen como propósito encontrar soluciones cuando nuestra vida se pone complicada, confusa, dolorosa, cuando "todo va mal", cuando nos pasan cosas que no logramos comprender. Son herramientas para aumentar nuestra consciencia hacia una comprensión mayor de nuestra situación de vida en este mundo, con fin de salir hacia adelante, superar y crecer. No tienen como propósito interferir, contradecir, influenciar, disminuir, criticar, negar, o cambiar sus propias creencias filosóficas, religiosas o culturales. No son filosofías, opiniones o verdades para ser discutidas intelectualmente sin su contexto, afuera de la situación de necesidad donde nos encontramos. No son objeto de estudio intelectual, psicológico o teológico, con causas, explicación, comparación, etc. Son herramientas prácticas.

Estas herramientas apuntan a estar bien en la vida y con la vida. Con todo lo imperfecto, los ciclos; con todas las limitaciones de la mente con que vivimos, podemos vivir bien lo que nos toca, con la capacidad de pasar los ciclos, con una cierta serenidad, ecuanimidad hacia lo bueno y lo malo, tener cierta paz, sin ser aplastado por los eventos "malos". La paz es posible.

20.1 La manifestación de la vida en el mundo físico y mental no es perfecta, es tal como es

No hay que buscar la perfección en el mundo exterior, es una ilusión. Hay momentos donde uno está mejor y otras veces peor. No desilusionarse, criticar o sentirse mal porque el mundo es imperfecto. El mundo no es perfecto, es tal como es. Nosotros siempre queremos que el mundo sea como a nosotros nos gustaría. Las complicaciones de la vida y los conflictos vienen del hecho de que todos hacen lo mismo, todos tenemos una opinión personal acerca de cómo nos gustaría que fuera el mundo, y queremos cambiar al mundo para que sea como a cada uno nos gusta. Pero el mundo es tal como es, y no es perfecto. Es **normal** que a veces la vida no esté como nosotros quisiéramos. **Entender y aceptar lo que no podemos cambiar es un paso grande hacia la serenidad.**

20.2 La dualidad

Este mundo es dual. El mundo manifestado mental y físicamente está gobernado por leyes, una de estas es la dualidad. Los parámetros de esta manifestación son el tiempo y el espacio, la ley de causa y efecto, y la dualidad. Quiere decir que las cosas vienen por pares de opuestos: no hay día sin noche, no hay arriba sin abajo, no hay árbol sin semilla, no hay bien sin mal. Aunque pasamos nuestra vida tratando de eliminar lo que no nos gusta y quedarnos solo con lo que nos gusta, es imposible lograrlo, la atracción viene con la repulsión. Entender esto y vivir en armonía con esto es clave. La normalidad tiene que incluir los ciclos, la noche y el día, no podemos vivir solamente el día e ignorar la noche. Entonces, nuestra normalidad también **incluye** los ciclos bajos, los ciclos negativos. Estar a veces arriba y a veces debajo de la ola **es normal**.

> ❁ Cuentito: Un discípulo se queja a su maestro "soy infeliz, deseo cosas que no tengo y no me gusta lo que poseo". El maestro le contesta "es muy simple, cambia tu actitud hacia las cosas, desea lo que tienes y no desees lo que no tienes".

20.3 La vida tiene un sentido

La vida no es caótica, la vida tiene un sentido, todas las cosas van en un sentido, el árbol, la semilla, el sol, la flor, la nube, las células del cuerpo, la piel, la vejiga, los animales, todos van en el mismo sentido, tienen el mismo objetivo. El objetivo de todo lo vivo es: vivir más tiempo, en mejores condiciones, reproducirse y evolucionar. Eso hacen todos los seres, hasta las estrellas. El único que puede no ir en este sentido es el hombre. Es porque no lo ve, esta desconectado, cree que puede hacer lo que quiera. Si alineamos nuestros hábitos y acciones sobre este mismo sentido todo el universo estará ayudándonos.

Preguntarse "¿esta acción que realizo va en el sentido de preservar y alargar la vida?". Por ejemplo en el caso de un vaso de alcohol o un cigarro, la respuesta es no. En el ejemplo de comer una fruta, la respuesta es sí. Nosotros podemos ir en el mismo sentido que el resto del universo, que la vida en nuestro entorno y, entonces, lograr actuar en la vida más consciencia, vivir suavemente, de manera fluida.

La vida fluye como un río. El 99% del río va en un sentido y nosotros somos el 1% del libre albedrío que estamos en el medio del río en un botecito: o vemos que el 99% va en una dirección o no lo vemos. Si vamos contra la corriente del sentido de la vida solo nos encontraremos con obstáculos, luchando. Cuando se le pregunta a alguien "¿Cómo estás?" muchos contestan "luchando, la vida es difícil". Obviamente es difícil si uno va en contra del sentido de la vida. Tratar de ir en el sentido de la vida es muy importante. Y el sufrimiento nos muestra cuando no estamos yendo en el sentido de la vida.

20.4 "El 99%" de la vida se encarga de todo

Si uno quiere un tomate todo lo que uno puede hacer es poner una semilla en la tierra y regar, no se puede hacer nada más. Un tiempo después llega un tomate. ¿Quién hizo el tomate? ¿Sabemos cómo hacer un tomate? Regamos, un poquito, unos segundos por día. Pero ¿quién hizo el tomate? ¿El sol? No, ponemos a la semilla al sol fuera de la tierra y no sale el tomate. ¿La tierra? No, ponemos la tierra dentro de la casa y no sale el tomate. ¿La naturaleza? ¿La vida? ¿Dios? Son buenas respuestas. Vamos a decir que es un mecanismo natural y sagrado el que hizo el tomate. Este mecanismo hizo el "99%" del tomate, el 1% lo hicimos nosotros regando (el 99% y el 1% es una metáfora). El mecanismo natural y sagrado hizo la gran mayoría del trabajo. Y no solo del tomate, el mecanismo natural y sagrado lo hizo por todos los tomates, todas las frutas, legumbres, plantas, árboles, rocas, ríos, estrellas.

Tenemos un bebé, ¿quién hizo el bebé? ¿La mamá lo hizo? ¿La mamá sabe cómo poner dos células juntas? ¿Sabe hacer una célula a partir de las moléculas? ¿O una molécula a partir de los átomos? ¿Un tejido a partir de las células? ¿O un órgano a partir de los tejidos? ¿La madre sabe hacer una nariz? No. Sí hizo el acto sexual. Pero el 99% del bebé no lo hizo la madre ni el padre, lo hizo algo mucho más capaz. Una inteligencia y un poder mucho más grande que el del hombre. Lo hizo el mecanismo natural y sagrado, el 99%.

¿Nos cortamos? ¿Quién cierra la herida? ¿El doctor? ¿Nosotros? No sabemos nada de anticuerpos y regeneración natural. Comemos una manzana. ¿Quién transforma esa manzana en nuevas células?

El 99% hizo el bebé, cerró la herida, nos hace crecer, respirar y latir el corazón. Imaginemos si nosotros tendríamos que encargarnos de esto…

La mayoría de todo en esta vida está hecho por este principio sagrado y natural que nos sobrelleva. Si entendemos eso será mucho más fácil enfrentar la vida. Entonces podemos confiar en el 99% y dejar de cargar con la responsabilidad del éxito de **todos** los aspectos de nuestra vida y futuro.

20.5 Todo es posible

Si es posible hacer un bebé de un poco de carbono, hidrógeno y otras moléculas es posible hacer cualquier cosa. Este 99% tiene un poder e inteligencia millones de veces más potente que un hombre (si no lo crees averigua cómo está hecho un humano). Todo es posible. La vida es toda potencialidad. Entonces mientras haya vida hay posibilidad de cambio. Y no porque no vemos el cómo o no entendemos que no es posible, nuestra visión limitada es la que reduce las posibilidades de vida, pero la vida misma no se limita. Podemos observar la diversidad de las millones de personas en este mundo para ver la capacidad que tiene la vida para crear algo siempre diferente. Alguien dijo:

- ❃ Si veo la vida a través de mi corazón tengo acceso al 100% de la creación.

- ❃ Si veo la vida a través de mi mente tengo solamente acceso a la pequeña parte del mundo que puedo entender.

- ❃ Si veo a la vida a través de mi ego tengo solamente acceso a la mínima parte del mundo que tiene algún interés de ser intercambiado por dinero, fama o sexo.

20.6 El sufrimiento nos enseña

El sufrimiento en la vida es la manera que tiene el 99% para decirnos que hay algo que aprender.

Por ejemplo, si comemos mucho de lo que nos gusta, 4 platos, nos va a doler la panza. ¿Por qué? Porque la vida nos enseña que es demasiado. Si un niño toca la llama de una vela, le duele, es porque el dolor quiere enseñar que no hay que tocar el fuego, si lo aprende nunca más se quemará con el fuego. Cada vez que sufrimos es porque hay algo para aprender. Si Mozart hubiese sido empujado por los padres a ser contador hubiese sufrido mucho. ¿Para qué el sufrimiento? Para mostrarle que contador no era lo que tenía que hacer en esta vida.

Si sufrimos tenemos que preguntarnos por qué. ¿Qué es lo que la vida trata de enseñarme? ¿Qué estoy haciendo que me produce este dolor? Y no buscar la razón afuera o en los otros. Culpar o condenar es inútil y no nos hará crecer.

20.7 Los cambios nos ayudan a avanzar

Los cambios son interpretados como algo positivo o negativo (cambios de casa, de familia, de trabajo). Realmente son energía disponible para crecer, es el 99% diciéndonos "toma esta energía para lograr avanzar en tu camino".

Por ejemplo dejar de fumar es más fácil cuando hay un cambio en nuestra vida. Luego de un cambio uno puede fácilmente empezar algo nuevo y/o abandonar algo viejo. La vida es como el mar, los cambios son como las olas, y nosotros estamos surfeando: si estamos atentos y listos, yendo en el sentido de la vida (ver 20.3), veremos la ola, el cambio, y la aprovecharemos para avanzar. Si no estamos listos, si no tenemos objetivos, si no sabemos que el cambio es energía disponible para crecer, entonces nos tomamos la ola sobre la cabeza.

Los cambios son oportunidades que podemos utilizar para avanzar. Cuando surge un cambio involuntario e importante en nuestra vida, que interpretamos como algo positivo o negativo podemos preguntarnos, "¿qué es lo que me permite hacer esta ola? ¿En qué puedo avanzar?".

20.8 Preocuparse solo por lo que uno puede controlar

Preocuparse **solamente** por lo que uno puede controlar (no preocuparse por lo que uno no puede controlar).

Si entendemos y practicamos esta simple frase, nuestra vida cambiará para siempre. La preocupación mata más que el cáncer, es la enfermedad número uno de nuestra época, aunque no sea siempre visible o reconocida. Preocuparse solamente por lo que uno puede controlar (con sus capacidades de hoy).

Por ejemplo uno quiere vender su auto, ¿qué se puede controlar? Lavar el auto, ponerlo a punto y publicarlo, hablarles a los amigos y conocidos. No se puede hacer mucho más. Entonces no nos preocupemos después, no pasemos la noche, la cena, pensando "si...": todo el tiempo preocupándonos si no se vende el auto... Es como preocuparse por que crezca el tomate; no podemos hacer más que regar la semilla, el resto no está en nuestro poder. Preocuparse por las cosas que uno no puede controlar sería como quedarse al lado del tomate después de regarlo, preguntándose "¿va a crecer o no va a crecer?... ¿Y si no crece?... ¿Y si no toma el agua?... ¿Y si sale una banana en lugar del tomate?..." Regar bien y frecuentemente es lo **único** que podemos hacer. ¿Qué hace el que conoce sobre huerta? Riega el tomate y después no piensa más sobre el tema, se pone a hacer otra cosa y le deja el resto del proceso al 99%, confía en la madre naturaleza, no se preocupa por cosas que no puede controlar.

La preocupación instala una emoción inestable y negativa en el ambiente. Ocuparse de lo que podamos controlar y no preocuparse por cosas que van más allá del control de uno. Esas preocupaciones son goteras de energía, nos hacen perder energía vital.

20.9 Haz lo que puedes de la mejor forma posible

Como nuestra acción representa cerca del 1% de lo que está aconteciendo (recordar el cuento del tomate, capítulo 20.4), podemos poner toda nuestra atención, ya que no nos ocupamos de lo que no podemos controlar, en **hacer lo mejor posible de acuerdo a la capacidad de cada uno en este momento**, no según lo que nos gustaría.

Por ejemplo al regar el tomate que el agua sea buena, regarlo en un buen momento, y no olvidar hacerlo todos los días, no podemos hacer más que eso, pero si podemos hacerlo con dedicación, concentración, regularidad y amor. No recriminarse creyendo que podríamos haber hecho algo más. Hacer lo mejor posible según la capacidad de este día, que es siempre diferente y limitado (no somos Superman), y después entregarle el resto del trabajo, con confianza, al 99%.

20.10 Confiar en el proceso natural

Uno puede confiar en el proceso natural porque el 99% hace las cosas bien. ¿Alguna vez el sol salió atrasado? ¿Vimos a un árbol que sale con las raíces hacia arriba? El 99% hace las cosas perfectamente, podemos confiar en el 99%. Hasta ahora, desde que nacimos, el 99% se encargó de nuestra respiración y del latido de nuestros corazones. El 99% hace su trabajo y lo hace muy bien.

20.11 Agradecer al 99% en nosotros

Agradecer a todas las funciones de nuestro cuerpo, todos los órganos. Están haciendo un trabajo enorme para ayudarnos a seguir vivos y en un buen estado. Agradecer al estomago, a los pulmones, al corazón; trabajan sin vacaciones, y muchas veces trabajan doble turno porque le ponemos poco aire, mala alimentación, mal ejercicio, etc. Sin embargo nunca se quejan, casi nunca nos molestan, entonces de vez en cuando merecen nuestra atención y agradecimiento.

❀ Podemos dar mentalmente la vuelta alrededor de todas las funciones y órganos de nuestro cuerpo, considerarlos, agradecerles, y tratar de escucharlos, pueden querer decirnos algo, si necesitan ayuda, mantenimiento, un poco de atención y amor.

20.12 Privilegiar la alegría al placer

Preferir la alegría al placer. El placer es una emoción de felicidad corta, de origen emocional, que se siente después de adquirir algo muy deseado. Pero esta vida es dual, el placer viene con el sufrimiento. El placer es de corto tiempo y depende de un objeto, después de sentir ese placer viene un largo tiempo de "no placer", o el placer se va diluyendo.

Al principio contentísimo con el juguete nuevo, luego ya nos aburre. Es mejor preferir la alegría natural. Miremos a un bebé, aún no tiene una mente elaborada con deseos y preferencias; el bebé es natural, espontáneo y siempre alegre, lleno de alegría sin razón particular, sin objeto de deseo, sin depender de la mente, ríe todo el tiempo. A menos de tener realmente un problema la mayoría del tiempo está feliz, puede estar sucio, no importa, él está feliz. Esta felicidad no deriva de los objetos, deriva del alma, deriva de su interioridad, de la vida misma. El árbol crece por alegría, la flor sale por alegría. Y nosotros también tenemos esta alegría adentro nuestro. Miramos un paisaje majestuoso y nos sentimos alegres. Disfrutamos un té en paz y nos sentimos alegres. Es muy fácil. Obviamente es menos extravagante que un deseo cumplido después de haberlo añorado durante años... Esta alegría viene sin sufrimiento, porque es natural, porque no está en el campo de la mente. Privilegiemos esta alegría. Saber disfrutar de un árbol, de un café, de una compañía, de una música, de una respiración, de un poco de deporte. La alegría está siempre disponible, hasta en una buena respiración.

20.13 La vida te da lo que necesitas si no pides lo que no necesitas

Uno tiene la impresión de que va hacia la vida, que estamos armando nuestro futuro, desarrollando carrera y poder, haciendo muchas cosas. Pero por una parte ya vimos que el 99% es quien lo hace, por otro lado vimos que el 99% es una corriente. Entonces es más real decir es la vida que viene hacia nosotros. Obviamente no hay que quedarse letárgico, tener proyectos y objetivos forma parte de la vida y parte de la mente, tener un objetivo y darle un sentido (seria óptimo que vaya con el sentido de la vida) a nuestra cotidianeidad. Pero en realidad las cosas vienen hacia nosotros. Entonces deberíamos ser un poco más pacientes, escuchar un poco más, en vez de reaccionar o hacer enseguida. Veremos que las cosas van tomando forma a nuestro alrededor, se van definiendo.

    La vida no es estática y nosotros creemos que tenemos que remar y remar. En realidad podemos limitar nuestros deseos y estar un poquito más atentos, y veremos aparecer lo que la vida quiere para uno. No nos va a dar cosas para nuestra satisfacción, la vida nos va a dar lo que necesitamos. Nos dará lo necesario para evolucionar. No hay ninguna duda en ello. En nuestra vida, aparentemente imperfecta, tenemos todo lo que necesitamos para crecer y para tener suficiente alegría. Solo tenemos que detenernos, abrirnos, y observar. Si estamos atentos vamos a encontrar que el presente corresponde al nivel en el que estamos en este momento. Nuestro presente contiene la suficiente alegría, y soluciones, si uno puede alejarse de la agitación mental de los deseos y miedos.

20.14 El *karma*

Karma quiere decir acción. También incluye la reacción, causa y efecto. La ley del *karma* es indisociable de esta manifestación, este mundo manifiesto está regido por la ley del *karma*. Casi todas las leyes físicas, de todas las ciencias, derivan de la ley del *karma*, derivan de la ley de causa y efecto. La ley de *karma* es que cada acción produce una reacción igual u opuesta. Uno empuja un vaso y la consecuencia es que el vaso se desplaza. Cada acción, sea mental, oral o física, tiene una reacción que es simplemente igual u opuesta. Podemos observarlo todos los días.

La consecuencia de esta ley es: **lo que siembras cosechas**, no hay humo sin fuego. Todo tiene una causa y una consecuencia. La acción del hombre es con las palabras, los pensamientos y los actos. Cada palabra, cada pensamiento y cada acto que realizamos tienen una consecuencia. **Haz a los otros lo que te gustaría que te hicieran, no le hagas a los otros lo que no te gustaría que te hicieran**, (tampoco dejar que otro te haga lo que no le haces). La gente se olvida de esto porque a veces no se ven las consecuencias, los frutos pueden venir mucho tiempo después, o en una próxima vida, pero siempre están. Es muy común encontrar personas que dicen algo y piensan otra cosa, o dicen algo y hacen otra cosa, pensando que no importa porque nadie ve que piensan o actúan diferentemente a sus palabras y acciones. Si decimos algo malo o hacemos sufrir a una persona, lo mismo tendremos que sufrir nosotros. No hay escapatoria (y no es un juicio, es una ley muy simple). Vivir sabiendo y entendiendo esto nos obliga a tener un poco más de consciencia, de responsabilidad frente a nuestros actos y palabras. Que nuestros pensamientos, actos y palabras no produzcan daño porque todo vuelve.

Entendiendo la ley del *karma* es muy simple entender el por qué de muchos misterios, como por qué unos nacen menos favorecidos que otros. Hay gente en esta vida que pagan cosas que hicieron en otras vidas. Solamente con esta ley se puede entender "el sufrimiento aparentemente no merecido" en esta vida, se puede entender la supuesta "injusticia". No porque nadie haya visto nuestra acción el mundo, la vida va a olvidar de darnos una consecuencia.

20.15 Vivir en el presente

LO INESPERADO SIEMPRE VENDRÁ Y LO ESPERADO NO NECESARIAMENTE VENDRÁ

No sirve ser ansioso por el futuro, ocuparse bien del ahora y todo se pondrá en su lugar. Lo que nosotros queremos quizás no es la voluntad del 99%, pero lo que quiere el 99% va a pasar aunque no nos guste. Esto no es fatalidad, nos trae al presente. Nosotros, nuestra vida, nuestras acciones y decisiones siempre acontecen en el presente. Hasta cuando pensamos en el pasado o en el futuro, este pensamiento ocurre en el presente. Y cada acto del pasado ocurrió en el presente de entonces. O sea que el pasado y el futuro no tienen vida, no tienen más consistencia que como conceptos intelectuales, útiles solamente para comunicar. La única realidad, la vida, nuestra vida, acontece **únicamente** en el presente. Entonces es ahí que tenemos que poner toda nuestra atención, y dejar de preocuparnos tanto por el futuro (o el pasado).

La ansiedad por el futuro, no es productiva, uno puede confiar en el proceso natural, puede quedarse en el presente. El futuro se cuida por sí mismo. No quiere decir que no podemos actuar y hacer, al contrario, tenemos la capacidad de avanzar, de escoger nuestro objetivo y seguirlo.

20.16 Fluir con el presente

La resistencia que ponemos al fluir natural que la vida tiene para nosotros en la situación presente crea tensiones que nos impiden la armonía. Considerar que la situación de nuestro presente es la voluntad de la vida para nosotros. No es una pequeña parte limitada, buena o mala, y separada del resto del mundo.

NUESTRO PRESENTE ES LA MANIFESTACIÓN DE LA TOTALIDAD DEL UNIVERSO PARA NOSOTROS AHORA

No hay un "algo" en "algún lugar" afuera, que sea mejor para nosotros en este momento. Según nuestro *karma*, nuestros méritos, y nuestras posibilidades de crecimiento ahora. Incluye todo lo que necesitamos ahora para evolucionar.

Adaptarse, ajustarse, acomodarse, saber dejar pasar y ser paciente, en el lugar de sistemáticamente resistir, enfrentar y reaccionar a todas estas pequeñas cosas que no nos gustan, nos hará la vida más simple.

20.17 Nosotros abrimos las puertas, se cierran solas

Antes de decidir algo abramos las puertas, abramos las posibilidades, juntando información, pros y contras. Si tenemos una duda acerca de la elección de un país, una universidad, una profesión, abramos las puertas. Frente a cada situación o tema que tenemos que decidir, abramos las puertas. Las que no sean nuestro camino se cerrarán solas, la misma vida impedirá algunos caminos y nos mostrará "coincidencias/mensajes" hacia otro. Esta es una manera de elegir, viendo cuál es la voluntad del 99% para nosotros.

20.18 La felicidad no está en la obtención de un deseo, no está en las cosas, ni en el futuro

Todo el mundo corre detrás de la felicidad sin saber dónde está, o creyendo que está en la obtención de un deseo. Pero, si la felicidad estuviera en la obtención de un deseo, ¿por qué un tiempo después no nos interesamos más por lo que obtuvimos? Si la felicidad estuviese en las cosas, ¿por qué, si me gustan los helados, después de comer 5 no estoy más feliz? Si la felicidad está en el futuro: nunca la encontraremos, el futuro nunca es hoy.

La felicidad está: en la paz mental; en el desapego, en la alegría natural; en la satisfacción de haber hecho lo correcto.

La paz mental hace que la alegría natural pueda salir. Realmente la paz y la alegría siempre están adentro de uno. El desapego nos da paz mental. La satisfacción de hacer lo correcto nos da la alegría de estar en el lugar adecuado, en el momento adecuado, nos da serenidad y tranquilidad, es como flotar en el río en lugar de remar río arriba.

Si uno va en el sentido de la vida todas las cosas alrededor se acomodarán.

20.19 Cuidar palabras y actos

Es difícil controlar la mente, se logra con una práctica a muy largo plazo. Por lo menos podemos tratar de controlar nuestras palabras y actos. Si hay pensamientos en la mente que no queremos, que no nos gustan, que no nos corresponden, que nos hacen mal, por lo menos podemos no permitirles manifestarse en nuestras palabras y actos. Aunque tengamos cosas no deseadas en la cabeza, podemos no exteriorizarlas a través de la boca. De esta forma, poco a poco se va controlando la mente. Controlar las palabras y actos nos simplifica la vida. No quiere decir que digamos lo contrario, que debamos fingir, pretender o mentir, ¡no! Hay pensamientos, tendencias, que aparecen en la mente que no controlamos, que vienen del subconsciente o del ambiente, no los tomemos como nuestros, ni lo expresemos a través de palabras y actos, no dejarles espacio y energía, no considerarlos, justificarlos, estudiarlos. Nos evitará muchas complicaciones.

20.20 "Todo pasa"

Frente al sufrimiento saber y repetir como autosugestión "todo pasa". Para situaciones donde uno no ve la salida, situaciones de dolor o de injusticias: "todo pasa". Es la simple verdad, hasta lo peor termina por pasar, es ineluctable. Nos ayuda a sobrepasar ciclos negativos. Escribir: "todo pasa" en el espejo, en un papel que guardamos en la cocina, la oficina, el bolsillo.

20.21 Un gramo de práctica es más importante que un kilo de teoría

Un gramo de práctica es más importante que un kilo (o una tonelada…) de teoría: en las relaciones, la pareja, el trabajo, la casa, las vacaciones, el estudio, el jardín, etc.

20.22 Si no hay suficiente voluntad para seguir una resolución: cambiar el entorno

Tomar una resolución es fácil, seguirla o respetarla puede volverse mucho más difícil de lo previsto. Si no logramos tomar la resolución de un cambio que creemos necesario podemos empezar por investigar sobre ello, y si es necesario podemos cambiar el entorno. Podemos ir hacia un ambiente favorable para el cambio que queramos realizar. Si uno quiere aprender algo y no puede hacerlo enseguida, que por lo menos se rodee con gente que esté en eso. Cambiar el entorno nos va a influenciar. Meternos en el entorno que favorece ayudará a nuestro cambio. Si uno no puede solo, dejarse ayudar por el entorno, construyendo nuestro cambio desde afuera en el mismo tiempo que desde adentro.

20.23 El alma entiende lo que la mente no puede entender

El alma es capaz de superar lo insuperable para la mente y esta siempre aquí adentro. Si no podemos ver la salida, ¿quién no puede ver?, no somos nosotros, es la mente. Toda crisis viene con la posibilidad de cambio, a veces toma tiempo, a veces toma menos tiempo, pero siempre existe la posibilidad de encontrarlo. Si no vemos la salida no quiere decir que no haya salida, quiere decir que no la estamos viendo ahora; llegará el momento (siempre llega) en que veremos la solución o tal vez se solucionará por sí solo.

20.24 Visitar hospitales, geriátricos y a desafortunados. Ayudar

Generalmente el humano se queja mucho, le gusta la insatisfacción, la entretiene con mucha crítica. No pudiendo encontrar la felicidad se complace de su infelicidad, se complace de hablar de lo malo, lo negativo, injusto, que existe en el mundo, en la sociedad, y en su "pobre" vida, no tiene suerte… Una buena cura para esta aflicción crónica tan popular es visitar hospitales, geriátricos y a desafortunados. Para dar servicio o visitar a alguien, no ir a pasear. Mirar cómo están algunos humanos hoy, ver qué es la humanidad para mucha gente.

- ¡Una de cada tres personas en este mundo no posee un techo con agua, electricidad y comida!

- Alrededor de 25.000 niños mueren de hambre cada 24hs.

- Y en el último siglo 100 millones de seres humanos murieron asesinados por otros seres "humanos".

Tomando consciencia de estos números, de estas realidades, ¿es decente seguir quejándonos tanto?… ¿Es decente culpar y criticar, promoviendo la violencia? No se puede remover la oscuridad manipulándola, lo que se necesita es solamente traer luz. Mejor, ayudar y servir a los necesitados y enfermos. El servicio nos transforma y nos hace realmente bien, tanto a uno como al otro. Prueben.

20.25 Progresando

Si uno logra tener un poco de contentamiento en su vida y logra ver que está progresando: entonces, **está todo bien**. Hay muy poca gente contenta o evolucionando. Si logras tener algo de contentamiento y sientes que estás progresando, que por ejemplo logras no repetir los mismos errores, o logras controlar mejor (o estar menos afectados por) una tendencia negativa, estás en un camino de evolución. Y evolucionar, crecer, es lo que tenemos que hacer en esta vida; cambiar para mejor, para mayor consciencia, es el propósito de esta vida, es la posibilidad que nos da esta vida. Y lograrlo, aunque sea despacio los cambios son difíciles, a la mayoría les cuesta cambiar, y no lo hacen, hay aprovechar la oportunidad que tenemos en esta vida.

20.26 No esperar el reconocimiento de todos

No guiarse por el reconocimiento de los otros. Muchos existen y se guían por el reconocimiento de los otros, muchos sienten que existen solamente en el reconocimiento de los otros, y por eso actúan en función de los demás, no pueden soportar la soledad. Pero el reconocimiento no es una "función" normal, habitual, común para los demás. Y como existen todo tipo de personas y opiniones, **nunca** será posible tener el reconocimiento, apoyo, soporte de todos. Siempre habrá alguien con la opinión opuesta, con crítica. Siempre habrá alguien para insultarnos. Buddha y Jesús fueron criticados también.

20.27 Motivación de búsqueda superior a motivación de huída

En todas las acciones que hacemos, las decisiones que tomamos, hay dos motivaciones: una de búsqueda y una de huída. Si elegimos realizar nuestras acciones y decisiones con una motivación de búsqueda mayor a la motivación de huída iremos en el sentido de la vida, que nos ayudará. De lo contrario iremos hacia más dificultades, menos fluir, menos armonía. Por ejemplo un amigo nos dice "me voy a la India", preguntarle "¿por qué?"

- ✿ Si dice que es porque esta harto de la situación de su país, de la gente que tiene alrededor, que le va a hacer bien salir, entonces está mirando hacia atrás, camina de espaldas hacia su destino. Es un caso de motivación de huída superior a la motivación de búsqueda. Y caminando hacia atrás es muy fácil caer.

❂ Si contesta que "es porque en la India puedo encontrar un buen profesor de yoga y la meditación, quiero estudiar y practicar". Su motivación de búsqueda es mayor que su motivación de huída, y estará caminando mirando hacia su destino. Crecerá.

Siempre ser consciente de sus motivaciones antes de hacer o decidir. Preguntarse el por qué.

20.28 Maravillarse

La vida es maravillosa. Si uno no lo ve es porque tiene un problema de vista. La vida no tiene problema para ser maravillosa. Es maravillosa. Mirar, observar cualquier cosa, una mariposa, sus colores, sus alas, cómo vuela. Observar una hoja, un árbol, la montaña, un bebé, un animal, el cielo; tomar consciencia de cómo se hace un bebé, las células que se separan, etc. Todo es maravilloso. Reencontrar la magia, lo sagrado, lo milagroso, lo increíble, la belleza, la inteligencia, la sutileza, la profundidad que contiene nuestro entorno. De niños la encontramos todo el tiempo, cuando somos más grandes nos olvidamos. La magia se quita cuando definimos las cosas, cuando nos encerramos en los conceptos. ¡Maravillarse! ¡Un avión que vuela es maravilloso!, ¡una sonrisa que nos obsequian! Maravillarse de lo pequeño y de lo grande.

Lo maravilloso (la alegría, la felicidad, la suerte) está siempre presente, escondido en nuestra vida, ahora mismo. Descubrirlo está en nosotros. Si no lo encontramos no quiere decir que no exista, sino que aún no lo hemos encontrado.

20.29 Entregarse

Otra gran ventaja que tiene creer en Dios o entender que existe el 99%, es entregarse. Entregarle a Él todo lo que nos preocupa, todo lo que no entendemos, todo lo que tenemos y no queremos, lo que nos hace mal, nuestros problemas y frustraciones, entregarle nuestras esperanzas, entregarle los frutos de nuestras acciones, entregarle nuestro futuro, nuestro destino, nuestra vida. Y rezar. Dios (o el "99%") se encarga de este universo desde hace billones de años, sabrá qué hacer.

20.30 Sonreír

La sonrisa, no solamente con la boca, con los ojos, y mejor aún con la mente, es una actitud de vida, una manera positiva, optimista, abierta y buena de enfrentarse a la vida (en el lugar de enfrentar los acontecimientos de nuestro presente con toda una panoplia de opiniones muy sólidas). Es poner adelante la bondad.

Muchas personas creen que en esta sociedad difícil, en esta jungla sin sentimientos, es necesario estar armado con poder y agresividad para hacerse un lugar, para ganarse la "sobrevivencia". Esto crea tensiones y enfrentamientos; estar siempre luchando, o enojado (con "buenas razones") no es una buena vida.

La naturaleza nos muestra por ejemplo la actitud de un árbol: provee sombras y frutas a todos, es bondad y generosidad, se acomoda muy bien a su fragilidad, de no ser "omnipotente", y la consecuencia de esta generosidad es que todos los que tienen un corazón un poco abierto respetan y aman los árboles.[15]

20.31 Discernir en lo que dejamos entrar y lo que dejamos salir por las 10 puertas

Según el yoga existen diez puertas en nuestra persona: cinco puertas del mundo hacia uno y cinco de uno hacia el mundo. Cinco sentidos cognitivos y cinco de acción. Los primeros son la vista, el oído, el gusto, el tacto, el olfato, y los cinco sentidos de acción son la palabra, la capacidad de tomar y desplazar las cosas, la locomoción, la procreación y la eliminación.

---

[15] Recomendado leer como herramienta el capítulo 2.8: Reír y sonreír.

La idea es empezar a ser consciente de lo que entra o sale por estas puertas. Empezar a controlar. Siendo nuestra persona algo que queremos cuidar, siendo nuestra cabeza un lugar muy íntimo, que nos afecta mucho, es importante ponerle un "se reserva el derecho de admisión" en estas puertas.

Por ejemplo: internet, la televisión, la prensa, los centros comerciales, llenan la cabeza de muchas imágenes, ideas, opiniones inútiles e irreales. Nos llenan de valores que incorporamos sin discernimiento, sin restricciones, nos condicionan y limitan la vida, alejándonos de la realidad de nuestras experiencias y necesidades del presente. Discernir cómo alimentamos los sentidos determinará de qué forma vamos a pensar, y de cómo pensamos que será nuestra vida. Nuestra vida es el resultado de nuestros pensamientos que son influenciados por lo que dejamos entrar por los sentidos, por las puertas. Cada uno puede elegir dónde poner su atención. Hoy todos nos quieren meter cosas en la cabeza. Si no aplicamos discernimiento, si no elegimos donde poner nuestra atención, entonces dejaremos entrar tantas cosas, inútiles y dañinas. Alguien que deja entrar todas estas cosas tiene una cabeza mucho más inquieta que alguien que no las deja entrar. Discernir, elegir dónde ponemos nuestra atención, según las prioridades de cada uno, elegir qué dejamos entrar por las puertas de nuestros sentidos.

Funciona también en el otro sentido, con los sentidos de acción. Muchos hablan demasiado de los otros, palabras inútiles sin propósito. Muchos pasan horas en actividades inútiles, gastadoras, y no constructivas. Elegir y discernir dónde ponemos nuestras acciones, qué vamos a decir y qué vamos a hacer. Darle valor al tiempo.

¿Qué pasaría si nos dicen que moriremos en un mes? Probablemente eliminaríamos muchas actividades de hoy, que no nos llenan. Dejar de poner tantas palabras, actos, atención y energía en estas cosas que no nos sirven para nada. Establecer prioridades nos ayuda a lograrlo.

Capítulo 21
DIOS

Dios es la herramienta principal. Es la herramienta numero uno. Hay una diferencia enorme entre quien cree en Dios y quien no cree en Dios.

El hombre se enfrenta a muchas cosas que lo superan: la muerte, el infinito, el espacio, la injusticia, lo desconocido, el mundo infinitesimal, la mecánica cuántica, el amor. Los que tiene el concepto o la entidad de Dios en sus vidas se sienten menos desarmados, menos solos. Es muy útil. Alguien que no cree en Dios o en el 99% está solo, es como estar solo para hacer un niño, para construirlo molécula por molécula, célula por célula… Así nos encontramos en la vida sin Dios.

Lo que entendemos nosotros es muy poquito, lo que vemos es mucho menos que un pájaro, lo que escuchamos menos que un delfín, lo que olemos menos que un perro, y ¿queremos entender todo? Es como una cucaracha que quiere manejar su situación cuando entra la mujer del aseo a hacer una limpieza a fondo, ¡no entiende nada de lo que está pasando!, está en modo de supervivencia, no puede asesorar o construir su futuro. Con Dios podemos hablar, podemos ver que tiene una voluntad para nosotros. Ya no importa lo desconocido porque Él cuida de esto, y confiamos en Él. Ya no importa tanto la incomprensión y el miedo hacia el futuro. Para el creyente Dios ocupa todas esas partes que no puede entender. Ya no es más el azar, la buena suerte o la mala suerte.

La fe conlleva poder suficiente como para no tener infección en una enfermedad contagiosa, suficiente como para caminar sobre piedras calientes, nos conduce a donde era imposible llegar solos.

¿Cómo encontrarlo? ¿En dónde está? ¿Quién o qué es? ¿Por qué no lo vemos? Las respuestas a estas preguntas no son el propósito de este libro. Pero desde la experiencia se puede decir que **DIOS EXISTE**. Cuando está todo bien uno no piensa en Él, pero cuando estamos ahogándonos en la confrontación directa con la muerte uno reza automáticamente, le pedimos ayuda a Dios.

Hemos hablado del 99%, casi todo el mundo puede entender esto, el mundo no es regido solo por los humanos, por lo que ellos quieren. Hay una inteligencia mayor que hace las cosas con sabiduría en todos lados, no solo en la naturaleza, también en nuestro cuerpo.

Ahora la idea sería empezar a hablar con este 99%. Considerarlo y tomarlo como una fuerza inteligente (lo que es). Si no quieren llamarlo Dios llámenlo el mecanismo natural y sagrado, el 99%, es el mismo propósito.

El hombre piensa que maneja su vida, ¡yo hago lo que quiero! Esta ahí al volante del auto del destino de su vida, y de repente quiere doblar a la derecha, gira el volante hacia la derecha pero el auto, su vida, va hacia la izquierda, hacia el lado no deseado (a todos nos pasa). Esto sucede porque el auto va sobre un camión y no se dio cuenta. Mira y "¡Ooooh! ¡Estoy arriba de un camión!". Obviamente si el camión quiere ir a un lado y uno para el otro va a haber una problemática. Es mejor hacer las cosas con la voluntad del camionero sino voy a sufrir inútilmente.

Olvida la palabra Dios si lo necesitas, piensa en ese "99%" que maneja tu respiración, piensa en el camionero, piensa en el río. Habla con el camionero, puede ser con rezos, o simplemente dialogando, como con su mejor amigo. Dios es nuestro mejor amigo.

La razón y la ciencia moderna, que supuestamente nos dan toda la base de nuestra creencia, nuestros valores, nuestros condicionamientos, que afectan la manera en la que vivimos. La ciencia que explica todas las cosas todavía no es capaz de encontrar un solo pensamiento. Los científicos y los intelectuales, que ponen normas de vida, todavía no encuentran un solo pensamiento.

Pensar que las características negativas existen para subrayar y marcar las virtudes positivas. ¿Por qué hay egoísmo? Para glorificar el altruismo. El odio para glorificar el amor. El orgullo para glorificar y desarrollar la humildad. La falsedad para desarrollar y glorificar la verdad. Maldad para bondad, y oscuridad para la luz.

La oscuridad es la ausencia de la luz. No puede haber oscuridad sin haber luz. La luz, el aspecto positivo, viene primero. Hay una fuerza en el lado positivo, en la bondad, en el 99%, una fuerza que no tiene la oscuridad. Tres mil años de oscuridad, en un cuarto cerrado, desaparece con una chispa, un fósforo de luz. Y no es la oscuridad que sale por la ventana. Esa es la relación entre la luz y la oscuridad. La luz tiene mucho más poder y la oscuridad está ahí para mostrar la luz. Aún más: cuando la luz existe, no existe más la oscuridad, existe solamente la luz.

Entonces, no tenemos que encargarnos de remover la oscuridad, es suficiente encargarnos de traer luz, de traer verdad.

¡Dios existe!

Los que se dieron de esto cuenta tienen una vida más liviana.

Conclusión
EL ALMA, DIOS Y EL ESPÍRITU

∽

Alrededor de los 30 años el cuerpo empieza a cansarse más rápidamente, uno se recupera más lentamente, el pelo se pone blanco. ¿Por qué?... Es porque la vida nos quiere enseñar a desapegarnos un poco del cuerpo y ocuparnos un poco más de la mente.

Alrededor de los 50 o 60 años la memoria empieza a fallar, la concentración a veces es más difícil, y aprender algo o hasta abrirse a algo nuevo cuesta. ¿Por qué?... Es porque la vida nos quiere enseñar a desapegarnos un poco de la mente y ocuparnos un poco más del espíritu.

Los humanos se componen de cuerpo, mente y alma.

Si podemos disfrutar de la belleza de una flor, contemplar miles de estrellas en el cielo, o considerar la evolución de la civilización romana en su totalidad, es porque existe en nosotros algo más grande, más lindo, e inmenso; sino simplemente no sería posible poder contemplar y considerar eso. Lo que es más grande, más lindo e inmenso en nuestro interior es el alma.

Conocemos bien el mundo físico al cual pertenece el cuerpo, utilizamos mucho la mente aunque desconocemos casi todo del mundo astral al que pertenece, pero, ¿qué sabemos del alma?... Aunque la mayoría de las personas reconocen tener una, casi nadie sabe algo acerca de ella. ¿Cuándo estamos con el alma? ¿Dónde está el alma en nuestra identidad? ¿De qué se trata? ¿De qué está hecha? ¿En qué nos toca? ¿Nos interesa?...

El alma está en la dirección de la paz, la alegría, lo sagrado, lo divino, lo universal, lo sutil, la consciencia, el amor, la fe, el conocimiento, la plenitud, la bondad, la felicidad y el espíritu.

Desde el cuerpo sano y la mente educada podemos avanzar hacia el alma. El alma en nosotros no es limitada, no es afectada por el tiempo, el espacio, el sufrimiento, la confusión, la enfermedad, la preocupación, la ira, el miedo. Está siempre allí, adentro, siempre serena, armoniosa, plena, luminosa y presente. Tal como un jardín divino, muy bien escondido, en el medio de un palacio lleno de intrigas, guerras de poder y política. Un jardín quieto, donde podemos descansar, recargarnos, inspirarnos, y buscar intuición, fuerza y paz.

Una mayoría de personas viven solamente al nivel del cuerpo, de sus instintos; es el nivel que también poseen los animales —comer, tomar, copular, dormir, pelear—.

Muchas personas viven también al nivel de la mente –razón, erudición, inteligencia, intelectualismo– pero es una mente joven, inestable, desequilibrada y esclava de los sentidos, emociones, preferencias y condicionamientos. Muchas veces le falta la ética para pasar de la inteligencia egocéntrica y teórica a la sabiduría.

Algunas personas sin embargo logran vivir al nivel de sus almas, en la India se llaman los mahatmas, las grandes almas, son los sabios, santos y profetas de todas las religiones, tradiciones y culturas. Encarnan el potencial completo del ser humano, que vive con cuerpo, mente y espíritu en plenitud. Su altruismo, dedicación, amor incondicional, perfección en los actos y palabras, son ejemplos que logran tocar el alma en nosotros e inspirarnos a ser mejores, a evolucionar nosotros también. Es la posibilidad que nos da esta vida. El potencial por ser vivos. **Todos podemos evolucionar.** Sanar nuestro cuerpo, educar nuestra mente y aprender a superar nuestras problemáticas de vida, forma parte de nuestro crecimiento, nos conduce en la dirección del equilibrio que permite la evolución.

Y evolucionando, todas nuestras pequeñas problemáticas humanas se achican, se ajustan, todo se pone en su lugar sin esfuerzo para finalmente desaparecen en el fluir de la vida hacia la paz y el infinito.

"La toma de consciencia de estas herramientas, seguida por la puesta en práctica, cambió mi vida hacia más salud, más energía, más armonía, más serenidad y más paz. Me permitió sobrellevar fácilmente crisis importantes. Es mi deseo sincero que estas herramientas puedan servirle a todos para cambiar, mejorar, sanar, serenarse y evolucionar."

Lou Couture. Rishikesh, Mayo, 2008.
OM TAT SAT

Sabiduría casera. Un camino hacia la luz y la paz
de Lou Couture y Leandro Taub
se terminó de imprimir en enero de 2011
en World Color Querétaro, S.A. de C.V.
local 37 fraccionamiento Agro-Industrial La Cruz
Villa del Marqués, 76240 Querétaro

Yeana González, coordinación editorial;
Gilma Luque, edición;
Sergi Rucabado, diseño de cubierta e interiores